冯霞　李敏　郭立◎主编

城镇化过程中
城乡融合发展研究
——以河南为例

中国农业出版社
农村读物出版社
北京

图书在版编目（CIP）数据

城镇化过程中城乡融合发展研究：以河南为例 / 冯霞，李敏，郭立主编 . — 北京：中国农业出版社，2023.5

ISBN 978-7-109-30711-7

Ⅰ.①城… Ⅱ.①冯… ②李… ③郭… Ⅲ.①城乡建设－区域经济发展－研究－河南 Ⅳ.①F299.276.1

中国国家版本馆 CIP 数据核字（2023）第 089067 号

中国农业出版社出版

地址：北京市朝阳区麦子店街 18 号楼
邮编：100125
责任编辑：王玉英
版式设计：杨 婧 责任校对：刘丽香
印刷：北京中兴印刷有限公司
版次：2023 年 5 月第 1 版
印次：2023 年 5 月北京第 1 次印刷
发行：新华书店北京发行所
开本：720mm×960mm 1/16
印张：11.75
字数：217 千字
定价：80.00 元

作者简介

冯霞，女，1976年生，河南科技学院教授、博士、联合培养博导，河南农业大学博士后，主要从事区域经济发展与就业创业教育研究。主持参与课题获省社会科学优秀成果二等奖2项、省高等教育教改项目一等奖和二等奖各1项、国家社会科学基金3项等省部级以上项目17项，发表论文30篇，其中CSSCI和中文核心13篇；出版专著以及省"十三五""十四五"普通高校教育规划教材等8部。

李敏，女，1982年生，河南科技学院副教授，硕士生导师。主要从事产业经济发展和教学方法研究，主持和参与完成省部级及其他各类课题10余项，市级成果一等奖2项，著作4部，发表文章13篇。

郭立，男，1976年生，副教授，硕士生导师。担任河南省青年工作指导委员会委员、国家心理健康辅导员、大学生创业导师。2018年8月至2021年6月任长垣市市委常委、副市长，主管乡村振兴工作。

➤ 作者简介

冯霞，女，1976 年生，河南科技学院教授、博士、联合培养博导，河南农业大学博士后，主要从事区域经济发展与就业创业教育研究。主持参与课题获省社会科学优秀成果二等奖 2 项、省高等教育教改项目一等奖和二等奖各 1 项、国家社会科学基金 3 项等省部级以上项目 17 项，发表论文 30 篇，其中 CSSCI 和中文核心 13 篇；出版专著以及省"十三五""十四五"普通高校教育规划教材等 8 部。

李敏，女，1982 年生，河南科技学院副教授，硕士生导师。主要从事产业经济发展和教学方法研究，主持和参与完成省部级及其他各类课题 10 余项，市级成果一等奖 2 项，著作 4 部，发表文章 13 篇。

郭立，男，1976 年生，副教授，硕士生导师。担任河南省青年工作指导委员会委员、国家心理健康辅导员、大学生创业导师。2018 年 8 月至 2021 年 6 月任长垣市市委常委、副市长，主管乡村振兴工作。

　　基金项目：本文系国家社科基金项目"要素投入、契约选择与家庭农场的运行绩效研究"（19BJY144）、河南省博士后科研项目"城镇化过程中城乡义务教育一体化研究"（001702021）、河南省科技厅软科学项目（132400410327）、河南省高等学校青年骨干教师培养计划（2021GGJS120）、河南省高等教育教学改革研究与实践立项项目（2021SJGLX1019）、河南省高等教育教学改革研究与实践立项项目（2021SJGLX478）阶段研究成果。

编　写　人　员

主　编 冯　霞　李　敏　郭　立

参　编（以姓名笔画为序）

王宁宁　　冯贵贤　　汤昕淼　　苏珊珊　　杜慧玲

李小愉　　李湘泉　　杨晓晴　　何金锁　　张宇杰

张津萍　　陈梦怡　　周钰莹　　郑晨赫　　赵芳玲

赵惠欣　　徐婷婷　　高美悦　　桑　迪　　黄玉佳

常平苹　　谢帅莹

前　言

　　城乡关系始终是关乎一个国家发展的重要关系，就如马克思说过："城乡关系的面貌一改变，整个社会的面貌也跟着改变。"对于拥有近14亿人口的中国来说，国家昌盛既离不开城市的繁荣，也离不开乡村的振兴。在现代化进程中，如何处理好工农关系、城乡关系，在一定程度上决定着现代化的成败。中国共产党在领导人民进行社会主义现代化建设的过程中，不断深化对经济社会发展形势和城乡关系的认识，制定了不同发展阶段国家发展的重点任务和目标。城乡关系在总体发展理念思路的指导下，经历了不同的发展阶段。

　　随着我国综合国力不断增强，中国初步具备了工业反哺农业的条件。党的十六大明确提出"统筹城乡经济社会发展"作为解决城乡二元经济结构问题的基本方针。经过数年探索，国家对于破解城乡二元经济结构的思路更加清晰，推进"城乡发展一体化"成为构建新型城乡关系的新目标，城乡关系开始进入深度调整和协调发展阶段，释放出新的发展活力。党的十八大以来，中央坚持把解决好"三农"问题作为全党工作的重中之重，把脱贫攻坚作为全面建成小康社会的标志性工程，后又启动实施乡村振兴战略，推动农业农村发生历史性变革。随着新型城镇化战略深入实施、乡村振兴战略全面启动，城乡关系进入了互补融合发展的新阶段。

　　党的十九大报告提出"建立健全城乡融合发展体制机制和政策体系，加快推进农业农村现代化"。2018年中央1号文件《中共中央国务院关于实施乡村振兴战略的意见》为城乡融合发展进程做了明确的阶段性划分。2019 年 4 月国务院发布《关于建立健全城乡融合发展体制机制和政策体系的意见》明确指出,"到 2035 年,城乡融合发展体制机制更加完善,城镇化进入成熟期"。2021 年《政府工作报告》以及"十四五"规划和 2035 年远景目标纲要中都提出"要完善新型城镇化战略,全面推进乡村振兴"。党的二十大报告提出,坚持农业农村优先发展,坚持城乡融合发展,畅通城乡要素流动。

河南省作为人口大省和农业大省,在全面推进城镇化过程中,加快农业农村现代化发展,促进城乡深度融合具有重要的现实意义。本书以河南省为例,研究在城镇化过程中,从乡村振兴战略视角分析,探索如何促进城乡深度融合实现路径。内容主要分为 4 篇 11 章,分别从概念界定、城乡关系理论、协调发展机理进行梳理;从河南自然环境与人文环境、河南城乡发展现状进行剖析;从城乡经济结构协调化、城乡义务教育同步化、城乡区域空间融合化、城乡生态环境共生化、城乡居民生活质量均等化、城乡居民主观幸福共享化 6 个方面,阐述河南省城乡融合发展状况及策略;最后从"蝶变长垣"典型案例来探求协同推进乡村振兴与城镇化发展,促进城乡深度融合发展的道路。

冯霞、李敏和郭立作为主编,负责全书内容的框架设计、研究内容和方法的确定、负责撰写并修改书稿等工作。在每章节具体内容审定时,分工各有侧重,冯霞负责第一、二、三、五章,李敏负责第六、七、八、九、十章,郭立负责第四、十一章。收集资料并辅助撰写任务的具体分工如下:徐婷婷、苏珊珊负责第一章,郑晨赫负责第二章,冯贵贤、王宁宁负责第三章,何金锁、李湘泉负责第五章,谢帅莹、汤昕淼负责第六章,杜慧玲、黄玉佳负责第七章,常平苹负责第八章,杨晓晴、陈梦怡负责第九章,赵惠欣、高美悦负责第十章,周钰莹、李小愉负责第十一章,张津萍、赵芳玲、桑迪负责文稿校对。

　　在撰写过程中，本书参考了专家和学者的专著及学术论文等资料，并在参考文献中一一列出，谨表谢意。如有疏漏，深表歉意，由于水平有限，时间仓促，书中难免存在不足之处，恳请各位专家学者和读者批评指正。

编　者

2022 年 10 月

目 录

前言

第一篇 理 论 篇

第二篇　省　情　篇

第三篇　发　展　篇

第四篇　愿　景　篇

➤ 第一篇　理论篇

　　"在现代化进程中，如何处理好工农关系、城乡关系，在一定程度上决定着现代化的成败"。2014年，《国家新型城镇化规划（2014—2020年）》明确指出"工业反哺农业、城市支持农村和多予少取放活方针"，逐步实现城乡一体化发展。2018年，《中共中央国务院关于实施乡村振兴战略的意见》和《国家乡村振兴战略规划（2018—2022年）》提出，要求"加快形成工农互促、城乡互补、全面融合、共同繁荣的新型工农城乡关系"。2019年国务院发布《关于建立健全城乡融合发展体制机制和政策体系的意见》，2021年《中华人民共和国国民经济和社会发展第十四个五年规划和2035年远景目标纲要》发布，表明了中国城乡关系进入新的发展阶段，城乡收入差距逐渐减小，互动逐步加强，初步形成了城乡融合发展局面，但城乡融合发展的体制机制深层次问题还未得到根本解决。

　　2021年6月颁布的《中华人民共和国乡村振兴促进法》明确规定："国家建立健全城乡融合发展的体制机制和政策体系，推动城乡要素有序流动、平等交换和公共资源均衡配置，坚持以工补农、以城带乡，推动形成工农互促、城乡互补、协调发展、共同繁荣的新型工农城乡关系。"党的二十大报告明确提出，国家要坚持农业农村优先发展，进一步调整理顺工农城乡关系，着力推进城乡融合和区域协调发展，构建全域联动并进新格局，推动经济实现质的有效提升和量的合理增长。中国要实现城乡深度融合发展目标，需要从理论与实践的视角，了解城乡经济关系发展的基本理论和内在机理。

第一章 概念界定

城乡关系是广泛存在于城市和乡村之间的相互作用、相互影响、相互制约的普遍联系与互动关系，是一定社会条件下政治关系、经济关系、阶级关系等诸多因素在城市和乡村之间关系的集中反映。城乡经济关系实质上就是城乡之间经济要素流动和经济功能耦合的状态，源于二者功能的差异性、互补性与可协同性。城乡经济关系是一种产业经济关系或区域经济关系，也是一个历史不断演进的过程。城乡发展阶段会有不同的表现，比如工业革命，导致了工业逐步替代了农业的核心地位，城乡关系随之发生了转变。

本章根据文献梳理与中国城乡经济发展过程中的特点，提出了"城乡关系五个阶段"，大致地把中国城乡关系发展划分为五个不同阶段。第一阶段是1949—1957 年；第二阶段是 1958—1978 年；第三阶段是 1978—2000 年；第四阶段是 2000—2016 年；第五阶段是 2017 年至今。

第一节 中国城乡关系发展的历史变迁

回顾新中国成立 70 多年来，中国经济腾飞，人民生活水平不断提高，整个社会发生了翻天覆地的变化。同时，这也反映了中国国民经济发展战略在不同发展时期的演进逻辑以及由此产生的城乡关系改变。作为代表两种不同生产方式和生活方式的区域系统，城市和乡村在区域经济发展中具有不同的功能定位。城乡关系在一定程度上反映了一个地区或国家的经济社会发展水平和可持续发展水平。党在领导人民进行社会主义现代化建设的过程中，不断深化对经济社会发展形势和城乡关系的认识，制定了不同发展阶段国家发展的重点任务和目标。城乡关系也在总体发展理念思路的指导下，经历了不同的发展阶段。

一、1949—1957 年

由于帝国主义、封建主义、官僚资本主义的长期统治和压迫，在中华人民共和国成立之前，社会经济受到了严重破坏，处于非常落后的状态。1949 年初期，中国工业化尚未开展，社会整体水平还处于传统的农业社会发展阶段，那时中国的城乡经济发展水平较低，城乡之间的差异并不明显。这个阶段的城乡关系是开放性的、平等性的，是没有政府进行干预的，都是自然演变的结果。

在新中国成立前夕，党和国家领导人就产生了建立城乡关系的想法。1949年9月29日由中国人民政治协商会议第一届全体会议通过了《中国人民政治协商会议共同纲领》，《共同纲领》明确指出要"逐步建立起新型城乡互助合作的经济关系"，在这一时期，农村通过土地改革，调动了农民的积极性，农业生产得以恢复，也为农村支持城市的发展供应物资提供了保障，奠定了新中国成立初期城乡关系互助共进的基础。在1949年召开的中国共产党七届二中全会报告中强调，城乡必须兼顾，必须使城市工作和乡村工作，使工人和农民，使工业和农业，紧密地联系起来，决不可以丢掉乡村，仅顾城市。如果这样想，那是完全错误的。党和国家根据当时发展状况并结合时代趋势作出正确的决策，城乡经济发展朝着"一元化"的趋势和谐发展。城乡关系和谐发展使得社会政治稳定、社会秩序正常，这为城市恢复生产和进一步发展打下了一定的基础。此时的城乡关系依旧是自由的，是封建社会的背景下形成的一种城乡关系的延续。城乡之间的流动处于一种平缓的对流状态，城市对农民的拉力与农村对农民的推力是基本均衡的，人口可以在城乡之间自由地流动。这一时期的城乡经济呈现出繁荣的景象，为党和国家制定和实施"一五"计划打下物质基础。

根据中国国情和国际环境的发展，中央政府决定实施优先发展重工业战略。在1953—1958年"一五"计划期间，国家进行大规模的经济建设，着重发展重工业，快速增加了城市的就业机会，加速了国家城市化，大批的农村居民向城市涌入。与此同时，国家还通过支边、支农、知青下乡等政策鼓励城市居民流向农村。1952—1957年中国新增加城市22个，城镇人口从7 163万人增加到9 949万人，全国净增城镇人口2 786万人，其中由农村迁到城市的人口有1 500万人左右。在此期间，国家在农业方面继续采取提高农产品价格的政策，尽可能地缩小工农业产品价格剪刀差。农产品价格的提升激发了农民的积极性，稳定了农民经济生活。因此，新中国成立初期以恢复经济建设为根本任务，城乡关系总体上呈现出人口双向流动较活跃，工业和农业互相支持、互助共进的特征。

二、1958—1978 年

1957—1960 年，全国工业总产值增长了 1.3 倍，而农业总产值降低了 14.9%。全国粮食总产量从 1957 年的 1 850 亿千克降至 1 600 亿千克。1965—1978 年，全国工业总产值增加 200%，农业总产值只增加了 67.7%。工农业比例严重失调，国民经济出现困难局面，粮食供给缺口巨大，产生这一现象的直接原因是大量农村居民涌入城市，城市居民迅猛增长，以及1958—1960年严重的自然灾害造成的农业减产；更深层次的原因则是新中国成立初期以政府为主导的重工业优先发展的赶超型发展战略带来的隐匿危害。

1958年全国人大常委会通过了《中华人民共和国户口登记条例》，标志着城乡二元户籍制度正式确立。严格的户籍管理制度使得城乡之间有了分界线，限制了人口在城乡之间的自由流动。人民公社制度确实解决了人民如何稳定在农业上的问题，但是国家执行了长期的人民公社制度，导致社会体制僵化，束缚生产力的发展。计划经济和二元化特性使得工业和农业结构严重失衡，城乡阻隔分离，城市化严重滞后，城乡分割的二元经济社会结构逐步形成。在国家政策指令为主导的计划经济体制下，生产要素和资源配置由国家调节和控制，国家通过工农业产品价格"剪刀差"的形式，从农业中汲取了大量经济剩余，以支持工业建设。改革开放前这一时期，在重工业优先、以农补工的发展战略引导下，城乡发展失衡，乡村的发展远滞后于城市，城乡关系呈现出分割、分治的局面。

三、1978—2000年

1978年十一届三中全会作出了进行经济体制改革的伟大决策，提出了尊重客观经济规律、简政放权的发展思路，城乡关系也因此进入新的历史时期，逐步改变城乡分割的局面，城乡关系呈现出良好的发展趋势。1978年以"包产到户、包干到户"的家庭联产承包责任制拉开了农村改革的帷幕，将农民从人民公社中解放出来，拥有自主支配的权利。这一政策调动了农民生产的积极性，释放了农村经济的活力，不仅获得了粮食增产、农民增收的眼前效益，而且也为后来农村剩余劳动力向城市和非农产业的转移铺垫了条件。此后国家继续实行了一系列深化农村改革的举措，鼓励和引导乡镇企业的发展等，进一步繁荣了农村经济，在改革初期这些举措在一定程度上缩小了城乡经济差距。

1985年以后，中国改革的重心从乡村转向城市，城市改革步伐加快，而农村发展缓慢，城乡差距进一步拉大，城乡关系发展陷入新的失衡状态。国家在政策上偏向城市发展，城市居民享有住房、教育补贴、医疗保障和养老保障等福利制度，而农村居民就不能享受。农村居民面临着诸多难题，在教育方面，由政府补助变成自筹经费，造成农村居民的教育质量低下，农村居民受教育程度远远低于城市居民。在人口流动上，各地政府制定了一系列限制外来人口进入的政策，拉大了城乡之间的距离。农业进入低速增长时期，而工业处于高速发展阶段，工农业发展不协调。政府采取优先发展东部沿海城市的决策，导致区域之间收入更加不平等，而城市居民高度集中在东部，这就意味着城乡距离拉大。优先发展城市的政策固化了城乡发展不平衡，加深了城乡二元经济结构。

四、2000—2016 年

21 世纪以来，中国经济进入全面、快速的发展阶段，在取得巨大成绩的同时，也存在不少的困难和挑战，集中表现为明显的、多重的二元经济结构。工业化、城市化、国际化的快速发展导致城乡二元经济结构矛盾日益增加。随着综合国力不断增强，中国初步具备了工业反哺农业的条件，在党的十六大明确提出"统筹城乡经济社会发展"作为解决城乡二元经济结构问题的基本方针。经过数年的探索，政府对于破解城乡二元经济结构的思路更加清晰，推进"城乡发展一体化"成为构建新型城乡关系的新目标。十六届三中全会提出了"统筹城乡发展、统筹区域发展、统筹经济社会发展、统筹人与自然和谐发展、统筹国内发展和对外开放"的科学发展观。为了深化农村改革，推进现代农业建设，缩小城乡差距，2005 年国家进一步提出了建设社会主义新农村的重大历史任务；为了减轻农民负担，增加农民收入，2006 年国家全面取消农业税；2007 年国家首次提出了建立新型城乡关系和实现城乡一体化的发展战略，标志着中国总体上已经进入了工业反哺农业、城市支持农村的城乡统筹发展阶段。2012 年召开的党的十八大更是将"三农"问题作为全党工作的重中之重，认为城乡一体化是解决"三农"问题的根本途径。

在这一时期，中国城镇化水平快速增长，城市经济迅猛发展，党和国家意识到日益拉大的城乡差距已成为制约中国经济社会全面发展的主要障碍。国家在对经济形势的准确判断和对新型城乡关系认识不断深入的前提下，提出了一系列健全市场机制，消除城乡二元结构的政策，城乡关系开始走向产业互补、工农互惠的新发展格局。

五、2017 年至今

为了解决城市和乡村发展不平衡的这个问题，党的十九大首次提出了"高质量发展"的概念，表明中国经济已由高速增长阶段转向高质量发展的新阶段，并且明确提出实施乡村振兴战略，建立健全城乡融合发展的体制机制和政策体系，走城乡融合发展之路。这一新发展思路是适应中国社会主要矛盾变化和决胜全面建成小康社会、全面建设社会主义现代化国家的必然要求，也是遵循客观经济规律的必然要求，科学地揭示了中国城乡关系的发展趋势，标志着中国经济发展进入了新常态，中国特色社会主义建设进入了新时代。

党的十九大提出的乡村振兴战略为中国构建新型城乡关系描绘了战略图景，强调以实现城乡融合为发展目标。党的二十大报告提出要着力推进城乡融合和区域协调发展，推动经济实现质的有效提升和量的合理增长。城乡融合发展理念标志着党和国家对中国城乡关系发展的认识进入了一个新的高度，并对城乡关系发展前景提出了更高的标准。城乡融合发展就是使各具鲜明特色的两大地域系统——城市和乡村，在空间上共存共融、在地位上平等互惠、在要素上双向互动、在产业上工农互促、在发展上互补共进以及在生态上和谐共生，即实现整个经济社会的全面协调发展。实现乡村的经济振兴，确立乡村与城市的平等地位，满足城乡要素自由流动，实现城乡互促发展，城乡共建共治，实现城乡文明共存。城市不仅是产业的载体，也代表着一种生活方式和文明形态，城市的发展是为了更好地满足人的发展需求；在进行城市规划、产业布局和完善公共服务的同时，也需要注重乡村的建设和治理，将乡村打造为"产业兴旺、生态宜居、乡风文明、治理有效、生活富裕"的宜居之地，并且通过城乡文化交流、城乡生态综合治理，形成城乡居民互动、共建、共享的新局面。

第二节　城乡二元经济结构

一、城乡概念界定

(一)城市的涵义

1. 定义。城市是指具有一定人口规模，以非农业生产和非农业人口为主，集聚形成的较大的居民点。城市一般包括住宅区、工业区、商业区，并且具备行政管辖功能，有医院、写字楼、商场、公园等公共设施，是经济、社会、文化、政治中心，是现代文明和综合国力的表现。关于城市的起源最为普遍的有两种说法：第一，先有城后有市，市是在城的基础上发展起来的，这种类型多见于战略要地和边疆地区；第二，先有市后有城，城市是人类经济发展到一定阶段的产物，本质上是人类的交易中心。

在1999年施行的《城市规划基本术语标准》（GB/T 50280—98）中明确规定，城市（城镇）是指以非农产业和非农业人口聚集为主要特征的居民点，包括按国家行政建制设立的市和镇。其中，市是指经国家批准设市建制的行政地域。镇是指经国家批准设镇建制的行政地域。城市化是指人类生产和生活方式由乡村型向城市型转化的历史过程，表现为乡村人口向城市人口转化以及城市不断发展和完善的过程，又称城镇化、都市化。所以国内学者将城市和城镇，城市化和城镇化视为涵义相同。周一星率先剖析了中国城市概念和统计口径的混乱问题。曹荣林认为城镇和城市有广义和狭义之分，有联系，但内涵不同。城镇化和城市化两个概念同样如此。广义城市包含与县级市处在同一层次的县城，还包括建制镇；而狭义城市化则指建制市。广义城镇含有乡政府驻地的集镇（简称乡集镇），而狭义城镇与广义城市概念相同。本书"城市"是指按行政建制设立的直辖市、市、镇，把建制镇纳入了城市范围，与"城镇"两者涵义相同。

2. 分类。《关于调整城市规模划分标准通知》中明确提出城市划分的标准：以城区常住人口为统计口径，将城市划分为五类七档。城区常住人口50万人以下的为小城市，50万～100万人为中等城市，100万～500万人为大城市，500万～1 000万人为特大城市，1 000万人以上为超大城市。此外，根据城市经济、政治、文化等对外辐射半径和影响力，可以将其分为国际性大都市、全国性中心城市、区域性中心城市、地方小城市或者中心小城镇。

（二）乡村的涵义

乡村是同城市相对应的区域，具有特定的自然景观和社会经济条件，是以从事农业生产为主的劳动者聚居的地方，也叫农村。农村有集镇、村落，以第一产业农业生产为主，同时兼顾畜牧、水产养殖、园林、果蔬生产等。乡村和农村也有约定俗成的用法，比如在《中国统计年鉴》中，有反映全国历年人口数、城镇人口、乡村人口等人口统计数据；还有反映全国居民可支配收入、城镇居民可支配收入、农村居民可支配收入等收支数据。在本书中，"乡村"与"农村"涵义相同。

（三）城乡二元结构的涵义

1. 定义。城乡二元结构是城乡关系的核心问题，在多数发展中国家主要表现为产业结构的城乡差异。城乡二元经济结构中的二元性主要指传统部门和现代部门，即农业部门和非农业部门的对立。二元经济结构就是采用现代技术的现代部门与采用传统技术的传统部门并存，主要存在于发展中国家。因此，二元经济是指发展中国家国民经济中现代部门和传统部门并存的状况。现代部门主要集中在城市，以工业化为主；而传统部门主要以农业为主，主要集中在农村。城市与农村形成了鲜明的对比，突出表现为经济方面。二元经济结构形成是由于工农业发展水平不够高而引起的。

2. 测量指标。城乡二元结构指数是衡量城乡经济差距的一个指数。此指数越小，表示城乡差距越小。二元结构指数＝城市非农产业比较劳动生产率/农业比较劳动生产率。比较劳动生产率、二元对比系数、二元反差系数是城乡二元经济结构的三个主要测度指标。

（1）比较劳动生产率。即一个部门的产值比重与在此部门就业的劳动力比重的比率。第一产业和非农产业的比较劳动生产率差距越大，经济二元性越明显。从理论上来讲，农业部门比较劳动生产率变动轨迹，呈现 U 形。

（2）二元对比系数。即第一产业比较劳动生产率与非农业比较劳动生产率的比率。理论上来说，二元对比系数处于 0～1 之间，在总体上呈现出 U 形。在一定时期内，二元对比系数越大，代表两个部门的差别越小，二元经济结构越弱。

（3）二元反差系数。第一产业的产值比重与劳动力比重之差的绝对值比非农业的产值比重与劳动力比重之差的绝对值，然后再取平均值。二元反差系数，理论上处于 0～1 之间，呈倒 U 形。二元反差系数越大，第一产业和非农业产业的差距越大，城乡二元经济性越显著。

二、西方理论分析

（一）刘易斯模型

西方经济思想史从二元结构概念的提出到二元经济结构理论的形成经历了一个从简单到复杂、由宽泛到具体、从古典到新古典的漫长过程。刘易斯的二元经济理论开启了二元经济理论研究的先河，但也存在不足之处。他指出："在发展中国家存在着二元经济结构，是城市现代工业和农村传统农业并存。"

1. 刘易斯模型建立了四个假设。第一，发达国家的经济分成两个部门，即城市以制造业为中心的现代部门和农村以农业手工业为主的传统部门；第二，劳动力无限供给；第三，工资水平不变，劳动者的工资水平不能由其边际生产力决定，而是取决于农业部门的平均收入；第四，经济学家保持工资在仅能维持劳动者生存水平不变的目的和前提。假设是基于他们认为工资和利润是此消彼长的关系，刘易斯指出："相对于利润的工资增长，将妨碍资本利润率的增长速度。"

2. 刘易斯模型的主要内容。二元经济结构的转换分为三个阶段：一是劳动力无限供给的典型二元经济发展阶段；二是到达第一个刘易斯转折点之后的阶段；三是到达第二个刘易斯转折点之后，这个阶段的到来意味着二元经济特征的消失，经济则成为一个均质的整体。

3. 刘易斯模型的不足。该模型存在两方面不足：一是忽略农业对经济的重要促进作用；二是他认为只有农村才有剩余劳动力，但现实中城乡皆有剩余劳动力。现代部门不能为农村提供充分就业机会。

（二）乔根森模型

1. 乔根森模型的假设。乔根森模型较之上一个模型不同，它建立在农产品剩余的基础上，因此被称为新古典经济学模型。假设条件：第一，农业部门不存在边际生产率为零的劳动力；第二，农业生产只取决于劳动要素投入，工业发展取决于资本要素和劳动要素；第三，工业部门和农业部门的工资是按照同一比率上升的。

2. 乔根森模型的主要内容。 该模型主要内容有三方面：第一，只有农业产出增长大于人口增长，才会出现农业剩余，农业产出没有达到人口最大增长率以前，人口增长会抵消农业产出增长；第二，没有农业剩余，就没有劳动力的转移，只有加强农业剩余才能把劳动力转移到工业，促进工业发展；第三，工业部门技术越成熟、先进，经济增长越快，越会促进农村剩余劳动力转移，最终完成二元经济结构转向一元经济结构。

3. 乔根森模型的不足。 该模型存在三方面不足：第一，认为农业发展不依靠资本，但在发展中国家，农业发展离不开资本投入；第二，重视工业发展对经济以及农业发展的作用，但忽视了消费者的重要性；第三，忽视了城市存在失业问题；第四，没有具体分析劳动力转移对农业部门技术进步和非农部门发展的促进作用。

（三）托达罗模型

1. 托达罗模型假设。 发展中国家城市存在失业，农村不存在剩余劳动力。发展中国家城市失业率上升，农村剩余劳动力向城市进行转移，主要是因为城乡预期收入的差异，即城乡实际工资差异水平与城市获得就业机会的难易程度。

2. 托达罗模型的主要内容。 该模型主要内容有三方面：第一，城市就业机会增加对解决城市失业问题没有太大帮助。城市就业机会增多，农村剩余劳动力转移也会随之增多，只会让城市失业人口增长。第二，政府应该废除最低工资限度，对失业者给予最低生活补助，只会让人们对城市预期收入更高，加剧城市失业率。第三，有计划性地发展农村教育。盲目地发展农村教育，提高农村受教育水平，只会让他们对城市预期收入增高。第四，重视农业发展，扩大农村就业机会，减少剩余劳动力向城市转移。

3. 托达罗模型的不足。 该模型存在两方面不足：第一，他认为，农村不存在剩余劳动力，但是这与发展中国家实际状况不相符合；第二，有关创造城市就业机会和发展农村教育这样的观点都有待于探讨，如果按照托达罗模型，反而不利于发展中国家农村劳动力向城市的转移，会减缓城市化进程，不利于提高农村劳动力素质，也不利于农村经济发展。

三、中国理论分析

Gautam Bose（1996）指出，发展中国家的"二元经济"是城乡劳动力市场的明显分割，因而二元经济结构的关键问题是城乡劳动力市场的内在关系。因发展中国家城乡分化的现象突出，所以需要建立一个城乡统一的劳动力市场，助推二元经济结构的转变。中国学者结合国情进行了一系列研究。

（一）结构分析

中国是发展中国家，具有典型的二元经济结构。虽然著名经济学家已经准确描述二元结构，并剖析了二元结构在发展中国家的典型特征。但由于西方的二元结构的理论模型并不完全适用于中国现实状况。著名经济学家张培刚教授指出，从发展中国家的现实问题来看，代表先进生产技术的城市现代化工业部门和代表落后基础的农村传统农业并存是客观存在的，以及其所引起的城乡差距也是客观存在的。受历史、中西方文化差异和国家政体不同等多种因素的影响，发展中国家无法效仿发达国家对外殖民扩张以及对内牺牲农业而实现全面工业化的残酷模式。但在改革开放过程中，中国逐步探索出一条城乡融合发展的独特道路。

（二）形成原因

1. 政策影响。 户籍管理制度是制约城乡协调发展的根本原因。新中国成立后，牺牲农业和发展工业的政策实施，形成了城乡二元经济结构。农产品统销统购政策，建立的人民公社进一步固化了二元经济。传统的户籍制度造成了城乡对立的格局，严重阻碍着农村人口向城市的非农化转移，把农民束缚在土地上，劳动力资源不能按照市场经济的要求进行合理流动，实现优化组合。

2. 缺乏统一有形的市场体系。 中国城市和农村市场体系和市场载体差异较大，全国统一的有形的市场体系没有完全形成。产品市场和要素市场城乡割裂，现有的消费品市场、农用生产资料市场规模小，基础设施落后，资金、技术、劳动力、信息等要素市场发育严重滞后。

3. 产业结构调整缓慢。 资本密集型的重工业就业弹性较低和第三产业发展严重不足，极大地影响了中国工业化过程中对农业剩余劳动力的吸纳能力，使得大量的农业剩余劳动力只能滞留在农业部门，延缓了农业剩余劳动力向非农业部门转移的进程。

（三）解决思路

1. 政策引导，制度创新。 中国的户籍制度阻碍了人口的自由迁徙，尤其是农村居民进入城市过程中都面临着落户困难问题。中国普遍存在规定，只有拥有城市户籍，才能更好地享有医疗、教育和社会公共服务等资源。能否成功落户会严重影响外来人口的家庭教育问题、医疗保障问题等，户籍问题已严重制约中国经济和城市化进一步发展。户籍制度改革无疑为城镇化的快速发展，促进二元经济结构转换创造了有利条件。

2. 加大对科技发展的资金投入。 中国作为一个农业大国，农业是国民经济建设和发展的基础产业。但相比于部分西方国家，中国农业受技术、资金和生产方式等因素的影响发展不足。所以国家鼓励大力发展现代化农业，加大科技对农业发展的推动力，提高农业生产率，形成技术替代土地、资本、劳动力的新型发展方式。

3. 加大农村地区教育投入。 发展经济学表明，农村劳动力较低的人力资本素质将会形成"低素质屏障效应"，不利于农村劳动力转移和被接纳，使得农村劳动力在整个劳动力市场中竞争力不高，不利于农村劳动力收入水平提高，也不利于缩小城乡居民生活水平差距。所以，中国要鼓励农村地区发展教育，提高农村劳动人口整体素质，增强自我发展能力，提高收入水平，为二元经济转换贡献力量。

第三节　新型城镇化

城镇化是经济发展的成果，也是经济发展的动力，必是实现中国式现代化的必由之路。党的十八大报告明确提出，城镇化将成为中国全面建设小康社会的重要载体，是撬动内需的最大潜力。自党的十八大以来，国家高度重视城镇化工作，推动城镇化建设取得了历史性成就。党的十九届五中全会提出"推进以人为核心的新型城镇化"，明确了新型城镇化目标任务和政策举措。党的二十大报告强调"深入实施区域协调发展战略、区域重大战略、主体功能区战略、新型城镇化战略"。

一、概念涵义

新型城镇化是中国提出的一个有别于传统城镇化的发展方式。相比传统的城镇化，新型城镇化更加注重城镇在经济、文化、社会和教育等多方面的协调发展。同时将原来以土地为中心的城镇化，转变成以人为核心的城镇化，形成了城乡协调发展的模式。

2014 年，中共中央、国务院《国家新型城镇化规划（2014—2020 年）》的正式颁布，有关新型城镇化建设的制度、体系、产业和投资等领域的工作将随之全面启动。《规划》就是要以人为核心的城镇化，有序推进农业转移人口市民化；以城市群为主体形态，推动大中小城市和小城镇协调发展；以综合承载能力为支撑，提升城市可持续发展水平。2016 年，为了深入推进新型城镇化建设，国务院颁布了《关于深入推进新型城镇化建设的若干意见》，明确要求牢固树立创新、协调、绿色、开放、共享的发展理念，坚持走以人为本、四化同步、优化布局、生态文明、文化传承的中国特色新型城镇化道路，以人为核心，以提高质量为关键，以体制机制改革为动力，紧紧围绕新型城镇化目标任务，加快推进户籍制度改革，提升城市综合承载能力，制定完善土地、财政、投融资等配套政策，充分释放新型城镇化蕴藏的巨大内需潜力，为经济持续健康发展提供持久强劲的动力。2019年4月，国家在《2019年新型城镇化建设重点任务》中提出，要优化城镇化布局及形态，推动新型城镇化高质量发展。2022年，国家先后颁布《国家新型城镇化规划（2021—2035年）》《"十四五"新型城镇化实施方案》，强调坚持走以人为本、四化同步、优化布局、生态文明、文化传承的中国特色新型城镇化道路，明确深入推进以人为核心的新型城镇化战略的目标任务和政策举措。

二、学者观点

新型城镇化是城镇化发展的新阶段，是中国城镇化适应发展阶段新要求的必然性选择。国内学者对新型城镇化发展具有较为统一的认识。牛文元认为，新型城镇化是注重城乡一体化，注重集约发展、和谐发展，提升农民和城镇居民的生存、生活质量，转变经济发展方式，实现资源节约、环境友好、大中小城镇协调发展的道路。胡际权认为，新型城镇化以市场决定资源配置，要统筹城乡发展，实现农业现代化、信息化与工业化同步发展，增强产业带动力。单卓然、黄亚平认为，可持续发展是新型城镇化的内涵。吴殿延、赵林等学者提出，新型城镇化要坚持以人为本，提高城镇化整体质量，注重城乡统筹，大、中、小城市和城镇以及农村新型社区协调发展，打造一个节约集约、生态宜居的新型城镇化。

国内学者对新型城镇化概念理解各有特点，但都显示出与传统城镇化的不同。在逻辑上，新型城镇化是传统城镇化发展的新阶段；在内容上，新型城镇化是对传统城镇化的发展扬弃。传统城镇化突出"硬件城镇化"，新型城镇化转向"软件城镇化"；传统城镇化突出"物的城镇化"，新型城镇化则强调"人的城镇化"。新型城镇化，更侧重城镇内涵增长及其质量持续升级，是依托于新型工业化的发展，以现代新兴技术为主要动力，以城乡一体化和城市现代化为目标的可持续发展的集约型城镇化。中国特色新型城镇化基本核心是"人的城镇化"，是以人的需要和人的全面发展为核心的城镇化，同时也是一个城乡经济社会以及相关制度全面协调发展的过程。

第四节 "三农"问题

"三农"问题作为一个概念是在20世纪90年代中期在中国提出来，此后逐渐被媒体和官方引用。"三农"问题是指农村、农业、农民这三大问题，是指在广大农村区域，以种植业（养殖业）为主，身份为农民的生存状态的改善、产业发展以及社会进步问题，实际上是一个从事行业、居住地域和主体身份三位一体的问题。"三农"问题是农业文明向工业文明过渡的必然产物。它不是中国所特有，无论是发达国家还是发展中国家都有过类似的经历。

党的十八大以来，中共中央坚持把解决好"三农"问题作为全党工作的重中之重，把脱贫攻坚作为全面建成小康社会的标志性工程，组织推进人类历史上规模空前、力度最大、惠及人口最多的脱贫攻坚战，启动实施乡村振兴战略，推动农业农村取得历史性成就、发生历史性变革。2019 年，中共中央、国务院发布《关于建立健全城乡融合发展体制机制和政策体系的意见》中明确指出，2035 年中国城镇化将进入成熟期。中国最大的发展潜力和后劲在农村，推动城乡融合发展能够带动经济社会持续发展，激发中国经济增长潜力。2021 年 2 月 21 日，中共中央、国务院颁布了《关于全面推进乡村振兴加快农业农村现代化的意见》，即 2021 年中央 1 号文件。这是 21 世纪以来第 18 个指导"三农"工作的中央 1 号文件。文件指出，民族要复兴，乡村必振兴。要坚持把解决好"三农"问题作为全党工作重中之重，把全面推进乡村振兴作为实现中华民族伟大复兴的一项重大任务，举全党全社会之力加快农业农村现代化，让广大农民过上更加美好的生活。党的二十大报告重点部署要坚持农业农村优先发展，巩固拓展脱贫攻坚成果，扎实推动乡村产业、人才、文化、生态、组织振兴，全方位夯实粮食安全根基，牢牢守住 18 亿亩耕地红线等任务。

一、发展现状

（一）农业

1. 农业产业结构不合理，农产品种类单一，且多数农产品附加值较低。生产模式比较落后，多为小家小户生产种植，难以实现规模化经营和大规模机械化操作；农产品品种单一，且因加工方式落后导致产品的附加值偏低，因此很难适应现代化市场经济的需求；相比进口农产品，中国农产品竞争力仍有待提高。

2. 农业污染加剧，环境资源矛盾突出，可持续发展面临挑战。农药、除草剂、化肥等大量投入到农业生产中，农药残留会对人体健康和环境造成严重影响，农药残留也会减弱土地肥力，大水漫灌极大地浪费了水资源，使得农业生产种植本身受到影响。

3. 受二元结构制度影响，市场在农业资源配置中的作用不明显，土地流

转困难。随着城市的发展，部分农村耕地被占用，加之农耕所需要的投入越来越多，仅靠耕地所得收入远远不及外出打工所得收入，所以许多农民选择弃耕，造成田地荒芜。

（二）农村

1. **农村的生态环境不断恶化，农村环境污染加剧。**农村发展过程中，许多小企业和工业企业因为资金、环保意识薄弱等问题，工业污染物存在无序排放，对农村的水资源、土地资源、空气资源造成严重污染，造成农村的生态环境不断恶化。

2. **农村的老龄化、空心化问题严重。**农村社会保障制度不健全，公共服务设施不完善。农民就业机会少，大量农村居民，特别是青壮年劳动力外出务工，人口流失严重，对农村发展来说是雪上加霜。

3. **农村就业问题难，剩余劳动力难以得到解决。**农村发展多为自给自足的模式，产业比较落后，很少有工业、服务业等可为农村剩余劳动力提供工作岗位。再加上农村普遍存在劳动力文化程度较低、技能单一，所以农村居民就业问题突出。

（三）农民

1. **农民就业困难。**农民受文化水平限制，缺乏本金，难以创业或者选择经商道路；又因为缺乏专业技能，外出务工受阻；即使进城找到工作，与城市职工相比，也会面临同工不同酬的问题。

2. **农民增收困难。**农民缺乏相关专业耕种知识，文化水平不高，很难精准掌握和运用先进的科学技术，导致了农产品单位产值提升与耕种投入成本增加幅度的差距仍然较小。随着物价水平不断上升，日常开支增加，农民增收困难。

二、解决思路

（一）农业

1. **加大农业科技研发投入力度。**政府应该完善与农业相关的法律体系，用法律为农业发展提供保障，用科技为农业发展提供技术支持。

2. **加强农业供给侧改革。**创新产业体系，发展新型业态，加快转变农业发展方式，保障农业稳定发展和农民持续增收。

3. **促进农业转移人口市民化。**推进城乡要素平等交换的最大问题是土地问题，要解决这一问题，需要不断优化和完善土地流转政策制度及后续系列相关服务，加强市场监管，为土地承包权流转提供法律保障。实现城乡要素平等交换和公共资源均衡配置，要实现公共服务均等化，需要尽快打破城乡二元结构，加快户籍制度改革，让农村转移人口真正融入城市，稳步推进就业、教育、医疗卫生、社会保障等基本公共服务常住人口全覆盖，让广大农民平等参与现代化进程，共同分享现代化成果。

4. 实现农业绿色可持续发展。减少化肥和农药的污染，对病虫害进行绿色防控，合理利用农作物秸秆资源，逐步改善土地肥力，实现农业绿色发展。

5. 大力推进农业现代化。"三农"问题的根本出路是农业现代化，没有农业现代化，不可能建设真正的现代化国家。农业现代化的核心内容是农业产业化、专业化、社会化。

（二）农村

1. 加强基础设施建设和公共服务供给。继续把基础设施建设重点放在农村，持续加大投入力度，加快补齐农村基础设施短板，促进城乡基础设施互联互通，推动农村基础设施提档升级。继续把国家社会事业的发展重点放在农村，促进公共教育、医疗卫生、社会保障等公共服务向农村倾斜，初步建立健全全民覆盖、普惠共享、城乡统一的公共服务体系，推进城乡基本公共服务均等化。

2. 加强对农村劳动力转移和返乡农民工创业。要采取政府引导、市场运作、培训促动、中介拉动等有效措施推动农村劳动力有序转移，提高农民工转移就业的组织化程度，有组织、有规模、有订单、有目的地转移和输出劳动力。鼓励在外务工经商人员返乡创业，充分利用其在资金、技术、信息、项目等方面发展设施农业、畜牧业和农畜产品加工等，带动当地富裕劳动力就地就业的，要在土地落实、资金扶持、贷款贴息等方面给予大力扶持。

3. 大力发展新型城镇化，促进农村二三产业的发展和城乡融合。新型城镇化带来的产业和技术进步将惠及农业农村发展，可以带动现代工业、信息和管理技术等改造，提升农村传统产业，推动农村产业转型、升级和一二三产业融合发展，推动农业现代化和农业社会化服务体系的建立。

（三）农民

1. 全面改善农村教育环境，师资力量适量地向农村倾斜。为农村孩子能够更多地接受高等教育创造更多条件；对村里的农民，尤其是青壮年进行专业种植技能培训，提高农民职业素养，加强农村人才队伍建设。

2. 建立健全引导各类人才服务乡村振兴长效机制。在人才培养上，有计划地选派县级以上机关有发展潜力的年轻干部到乡镇任职、挂职；在人才引进上，逐步建立城市医生、教师、科技、文化等人才定期服务乡村制度，健全鼓励人才向艰苦地区和基层一线流动激励制度；在人才使用上，建立教师、医务工作者等县域专业人才统筹使用制度。

第五节　乡村振兴战略

党的十九大报告首次提出了"乡村振兴战略"，并把其作为贯彻新发展理念，全面建设现代化体系的内容之一。这充分体现了党中央对"三农"问题的高度重视，着力解决新时代中国发展不平衡、不充分的问题，尤其是城乡发展不平衡、农村发展不充分的问题。实施乡村振兴战略，是党的十九大做出的重大决策部署，是决胜全面建成小康社会、全面建设社会主义现代化国家的重大历史任务，是新时代"三农"工作的总抓手。

一、战略规划

2017 年 10 月 18 日，党的十九大报告中提出，实施乡村振兴战略。农业、农村、农民问题是关系国计民生的根本性问题，必须始终把解决好"三农"问题作为全党工作重中之重。此后，中共中央、国务院连续发布文件，总体部署了新发展阶段优先发展农业农村、全面推进乡村振兴战略，为做好"三农"工作指明了方向。2018 年 3 月 5 日，《政府工作报告》中强调，要大力实施乡村振兴战略。2018 年 9 月，中共中央、国务院正式印发了《乡村振兴战略规划（2018—2022 年）》，并要求结合实际认真贯彻落实。2021 年 2 月 21 日，中共中央、国务院正式发布了《关于全面推进乡村振兴加快农业农村现代化的意见》；2 月 25 日，国务院直属部门国家乡村振兴局正式成立；3 月 22 日，中共中央、国务院发布了《关于实现巩固拓展脱贫攻坚成果同乡村振兴有效衔接的意见》；4 月 29 日，十三届全国人大常委会第二十八次会议审议通过《中华人民共和国乡村振兴促进法》；5 月 18 日，司法部正式印发了《"乡村振兴　法治同行"活动方案》。2022 年，党的二十大报告专题阐述了全面推进乡村振兴，强调要坚持农业农村优先发展，坚持城乡融合发展，畅通城乡要素流动。扎实推动乡村产业、人才、文化、生态、组织振兴。

二、指导思想

全面贯彻党的二十大精神，加强党对"三农"工作的领导，坚持稳中求进工作总基调，牢固树立新发展理念，落实高质量发展的要求，紧紧围绕统筹推进"五位一体"总体布局和协调推进"四个全面"战略布局，坚持把解决好"三农"问题作为全党工作重中之重，坚持农业农村优先发展，按照"产业兴旺、生态宜居、乡风文明、治理有效、生活富裕"的总要求，建立健全城乡融合发展体制机制和政策体系，统筹推进农村经济建设、政治建设、文化建设、社会建设、生态文明建设和党的建设，加快推进乡村治理体系和治理能力现代化，加快推进农业农村现代化，走中国特色社会主义乡村振兴道路，让农业成为有奔头的产业，让农民成为有吸引力的职业，让农村成为安居乐业的美丽家园。

三、目标任务

当前，中国社会主要矛盾已经转化为人民日益增长的美好生活需要和不平衡不充分的发展之间的矛盾，突出表现为城乡发展不平衡、农村发展不充分。基于中国国情，提出城乡融合和乡村振兴的发展路线，缩小城乡差距，促进城乡均衡发展，是乡村振兴战略的最终目标。

按照党的十九大提出的决胜全面建成小康社会、分两个阶段实现第二个百年奋斗目标的战略安排，中央农村工作会议明确了实施乡村振兴战略的目标任务：首先，到 2020 年，乡村振兴的制度和政策体系基本形成，实现全面建成小康社会的目标；到 2035 年，乡村振兴取得决定性进展，农业农村现代化基本实现，农业结构得到改善；到 2050 年，农业强、农村美、农民富的目标全面实现，乡村实现全面振兴，农业发展更加强劲，农民生活水平不断提高。

党的十九大报告中明确提出"产业兴旺、生态宜居、乡风文明、治理有效、生活富裕"五大建设目标，建立健全城乡融合发展体系和政策体系，推动农业农村现代化步伐的总任务。产业兴旺是乡村振兴经济建设的基石，建立现代农业的三大体系，即产业体系、生产体系、经营体系，关键在于资源整合、产业培育、经济转型和收入增长。生态宜居是乡村振兴的环境基础、生态文明建设的首要任务。注重优化农村景观、美化环境、改善生活环境质量，发展绿色生态新产业。乡风文明是乡村振兴文化建设的重要举措，旨在传承乡村文化、转变思想观念、构建和谐社会、增强文化软实力的发展。治理有效是乡村振兴社会政治建设的重要保障，主要是基层建设、科学决策、民生自主和机制创新。生活富裕是社会建设的根本要求，关键是消除乡村贫困、居民享有平等权利、共同享有现代化成果。

四、实施路径

必须重塑城乡关系，走城乡融合发展之路；必须巩固和完善农村基本经营制度，走共同富裕之路；必须深化农业供给侧结构性改革，走质量兴农之路；必须坚持人与自然和谐共生，走乡村绿色发展之路；必须传承发展提升农耕文明，走乡村文化兴盛之路；必须创新乡村治理体系，走乡村善治之路；必须打好精准脱贫攻坚战，走中国特色减贫之路。

第六节　城乡一体化发展

　　2008 年，党的十七届三中全会强调要把构建新型工农关系、城乡关系作为加快推进现代化的重大战略，指出中国总体上已进入以工促农、以城带乡的发展阶段，进入加快改造传统农业、走中国特色农业现代化道路的关键时刻，进入着力破除城乡二元结构、形成城乡经济社会发展一体化新格局的重要时期；提出建立促进城乡经济社会发展一体化制度，推进城乡规划、产业发展、基础设施、公共服务、市场建设和社会管理一体化。2012 年年底，国家在《关于加快发展现代农业进一步增强农村发展活力的若干意见》中提到，要全面贯彻落实党的十八大精神，始终把解决好农业、农村、农民问题作为全党工作重中之重，把城乡发展一体化作为解决"三农"问题的根本途径。

一、概念界定

　　英国城市学家艾比尼泽·霍尔德（Ebenezer Howard，1850—1928）最早提出城乡一体化思想。他指出，城市和乡村都各有其优点和相应缺点，城市和乡村必须成婚，这种愉快的结合将迸发出新的希望、新的生活、新的生命、新的文明，并倡导用城乡一体的新社会结构形态来取代城乡对立的旧社会结构形态。霍尔德的《明日的田园城市》主要针对大城市发展中所产生的经济社会问题，形成了对大城市规模进行控制的观点以及由此产生田园市场、社会城市理论。

　　城乡一体化是城乡完全融合，互为资源、互为市场和互相服务，达到城乡之间在经济、社会、文化、生态上协调发展的过程。这一过程是渐进的、双向的，在这个过程中，绝不是所有乡村都变为城市，更不是城市乡村化，而是消除城乡差别，使高度发达的物质文明与精神文明达到城乡共享的过程。

二、基本内涵

　　城乡一体化涉及社会、空间、经济、市场、生态、环境等多个方面，不同的学者站在不同的角度对其概念会有不同的界定。社会学者和人类学者从城乡关系的角度出发，认为城乡一体化是指相对发达的城市和相对落后的农村打破相互分割的壁垒，逐步实现生产要素的合理流动和优化组合，促使生产力在城市和乡村之间合理分布，城乡经济和社会生活紧密结合与协调发展，逐步缩小直至消灭城乡之间的基本差别，从而使城市和乡村融为一体。经济学界学者则从经济发展规律和生产力合理布局角度出发，认为城乡一体化是现代经济中农业和工业联系日益增强的客观要求，统一布局城乡经济，加强城乡之间的经济交流与协作，使城乡生产力优化分工、合理布局和协调发展，以取得最佳的经济效益；有的学者仅讨论城乡工业的协调发展，可称为"城乡工业一体化"。规划学者则是从空间的角度对城乡结合部做出统一规划，即对具有一定内在关联的城乡交融地域上各物质与精神要素进行系统安排。生态环境学者则又是从生态环境的角度，认为城乡一体化是对城乡生态环境的有机结合，保证自然生态过程畅通有序，促进城乡健康、协调发展。

综上所述，城乡发展一体化是从区域角度出发，以区域全面协调可持续发展为目的，促进建立高度协调的城乡空间网络体系。

三、主要内容

城乡一体化必须把农村和城市作为一个有机整体，在统一制定土地利用的规划基础上，明确分区功能定位，统一规划土地，使城乡发展能够互相衔接、互相促进。城乡经济发展一体化是一种新的发展观，在促进人类对经济社会发展有着重大的意义。其包括空间一体化、人口一体化、产业一体化、市场一体化和社会一体化等。

（一）空间一体化

城乡空间一体化表现为以提高城乡经济社会组织化程度为核心，强化城乡空间联系，优化城乡空间结构，努力形成城市现代化和农村城镇化相互融合、协调发展的城乡空间形态。空间一体化可以解决城镇体系和农村体系之间空间结构问题，解决城乡之间土地空间资源有限和城乡建设用地增长两者之间的矛盾，致力于建立多方式、多方面、多层次的空间一体化现代交通体系，解决城乡之间的资源障碍问题。城乡空间一体化从全局出发，结合城乡经济发展水平，调整和升级产业结构，促进城乡产业发展，统筹城乡产业空间的配置。

（二）人口一体化

城乡人口可以在城乡之间自由流动，不受户籍的限制。乡村人口流向城市解决农村剩余劳动力问题，增加农民收入，同时建立城乡劳动市场，劳动资源实现均衡配置，推动城乡经济一体化发展。

（三）产业一体化

在国民经济中，城市和乡村分别担任不同角色，发挥相应的功能。城乡之间的地位是平等的，根据其不同的特点及优势，对城乡进行产业分工，农村型产业主要是从事农业的经营发展；城市型产业主要以工商业经营为主，提高经营效率。

（四）市场一体化

市场是连接城乡之间发展的纽带，促进城乡之间高度融合。城乡市场一体化是城乡经济一体化的基础，城乡市场一体化是某一区域城乡元素优化融合的过程，促进城乡发展日益协调，融合度不断提高。

（五）社会一体化

城乡社会一体化的本质意义是消除城乡差距，最大限度地缩小城乡差别。实现城乡共享物质文明与精神文明。公共资源配置向农村偏移，加快打破二元经济结构步伐，全面完善农民的社会保障体系，实现城乡之间的社会保障体系协调发展。

第七节　城乡统筹

党的十六大提出城乡统筹发展，把统筹城乡经济社会发展确定为全面建设小康社会的重大任务。党的十七届三中全会审议通过《中共中央关于推进农村改革发展若干重大问题的决定》文件，文件提出："必须统筹城乡经济社会发展，始终把着力构建新型工农、城乡关系作为加快推进现代化的重大战略"。党的十九届四中全会提出："坚持和完善统筹城乡的民生保障制度，满足人民日益增长的美好生活需要。"

一、基本内涵

狭义的城乡统筹规划是指对未来一定时间和城乡空间范围内经济社会发展、环境保护等所作的总体部署，其实质就是把城市和乡村的发展作为整体统一规划，通盘考虑。广义的城乡统筹规划是指对人口、资源与环境存在功能、结构等差异区间的整体发展部署。广大的郊区、落后的县域中心城市和重点镇等均可以看作是农村地区，城乡统筹规划属于区域规划范畴，也是典型的空间规划。

二、主要内容

城乡统筹的发展目标是改善城乡结构和功能，协调城乡利益和利益再分配，实现城乡生产要素合理配置，城乡经济社会文化秩序协调发展。城乡统筹的主要内容有统筹城乡产业、统筹城乡资源配置、统筹城乡投入、统筹城乡就业和统筹城乡生态环境，从而缩小城乡差距、工农差距、区域差距，让人民平等参与现代化进程，共享改革发展成果，共享全面小康和品质生活。

(一) 统筹城乡产业, 优化产业布局

统筹城乡产业发展, 实施以城带乡、以工促农的城乡融合发展路径, 统筹谋划城乡产业一体化, 通盘考虑城市和乡村发展。统筹城乡产业发展重点是统筹城乡产业布局, 关键点是经济结构的调整, 体现在农业要发展好二、三产业上。城市产业与城乡企业要均衡发展、合理发展。城市产业将成熟的技术、资源密集的产业向农村转移, 为农村的产业增加新优势。通过统筹协调, 使城乡产业相互融合、分工协调、互相促进、协调发展。

(二) 统筹城乡资源配置, 促进城乡资源共享

土地、劳动力、技术等是市场经济中不可或缺的要素, 城乡之间应该有平等地享有这些经济要素的权利, 但由于城乡之间二元经济结构的障碍, 加上对城市发展政策的支持, 农村的资源更加短缺。因此, 城乡统筹发展要统筹城乡资源配置, 取消政府不合理的干预, 建立一个平等、有序的要素市场, 促进城乡资源自由流动, 实现城乡沟通、协调发展。

(三) 统筹城乡投入, 增加对农业和农村的支持

城乡发展差距大是城乡之间的主要问题, 仅仅靠对城乡发展投入机制是不够的, 必须加大对农村的经济投入。一方面要增加对农村基础设施的投入, 完善基础设施, 建立健全农业服务体系, 让农民得到补贴。另一方面, 要减少农民负担, 降低农业税收, 规范农村税收制度, 拒绝乱收费; 增大扶贫力度, 给予技术、信息和资金等支持。

(四) 统筹城乡就业, 实现劳动力均衡

一直以来, 农村滞留大量劳动力, 制约着农村经济的增长。从根本上来看, 必须要实现农村剩余劳动力有序向城市转移, 由农民这单一的身份转变为多重职业, 扩大农村劳动力的就业量; 提高农村劳动力的文化素质与技能专业化, 增加就业机会; 各级政府要进一步完善政策, 为农民就业献计献策。

(五) 统筹城乡生态环境, 实现城乡生态一体化

统筹城乡生态环境, 首先要解决人口问题。因为人口剧增, 住房面积增加, 导致了可用土地资源减少; 因为人口膨胀产生更多环境污染、资源短缺等问题。农村环境是当前环境保护最薄弱的环节, 要加大对农村环境保护力度, 采取更多环保行动, 解决农村水污染、土壤污染和垃圾污染等问题, 实现城市与乡村、人类与自然和谐发展。

第八节 城乡融合

党的十九大报告强调在实施乡村振兴战略中要"建立健全城乡融合发展体

制机制和政策体系"。2019 年 4 月 15 日，中共中央、国务院在《关于建立健全城乡融合发展体制机制和政策体系的意见》指出，到 21 世纪中叶，"城乡全面融合，乡村全面振兴，全体人民共同富裕基本实现"。因此，城乡融合发展就成为推进新时代发展的重要工作和主要目标。

一、基本内涵

融合是指不同事物之间逐渐联系紧密成为一体的过程。城乡融合是把城市与乡村逐渐建设成一个相互依存、相互促进的统一体，即将社会现代化程度较高的城市与发展较为落后的乡村之间逐渐实现社会、经济、文化、科技、生态等各个领域要素的流动，协调发展减小乃至消除城乡发展差距。

从城乡发展的客观规律来看，新型城镇化战略聚焦于城市、拉动乡村发展，乡村振兴战略关注于乡村、联动城市发展，实现城乡融合发展，需要新型城镇化战略和乡村振兴战略为支撑协同发展（图 1-1），促进城乡要素资源有序双向流动，构建城乡互补、工农互促、协同发展、共同繁荣的城乡价值共同体。

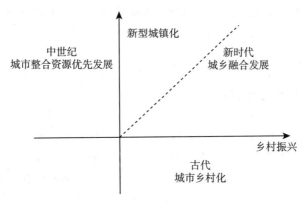

图 1-1　城乡融合发展的历史演变

二、发展目标

城乡融合发展，就是将城市和乡村作为一个整体，统一制定发展战略规划，通过城市反哺农村、工业反哺农业的形式，在努力加快新型城镇化的同时，不断增加对农业部门和农村地区的各种投入力度，以逐渐缩小城乡之间的关系差距，彻底改变城乡二元结构的现状，实现城乡统筹协调发展。

（一）满足人的需求

人是环境的产物，人类活动与社会环境密切相关。由于城乡经济文化水平差异，主要发展方向有所侧重，人们的需求也大不相同。城乡基础设施、医疗卫生条件等方面的差异，使得乡村居民对城市方便快捷的生活十分向往，而城市居民在享受城市文明的同时渴望过上恬静的田园生活。城乡人口本着以人为本的原则，必须同时考虑城市居民和乡村居民的需求。

（二）追求协调发展

城乡融合必定是一个相互促进的过程。城乡经济发展是在不断变化的，同时也形成了不同的发展阶段，但纵观城乡发展历程，总体趋势是前进的、上升的。最初，城市利用集聚和规模经济吸引人才集聚得到快速发展，而农村以农耕为主的产业结构相对处于弱势，发展较为缓慢。近些年，随着城与乡的慢慢融合渗透，城乡的产业结构不断转型升级，城乡居民收入水平差距逐渐降低，产业协调发展成为城乡融合必不可少的内容。

（三）物质文明、精神文明全面发展

精神世界和物质世界是人类存在和发展必不可少的两部分，精神文明建设需要物质文明建设为依托，物质文明建设需要精神文明建设的指导。面对二元结构现状，如何使城乡协调、可持续发展是中国经济面对的时代问题，也是思想政治教育工作需要关注的现实问题。城乡融合需要注重物质和精神文化全面发展。

三、主要内容

（一）城乡经济发展融合

城乡融合主要是突破二元结构的束缚，促进资源、资金、技术等各种经济要素在城乡之间顺利流动和共享，优化组合，差异互补，形成协调统一、共同发展的区域经济整体。产业融合是城乡经济融合的关键措施，按照新古典经济学和产业经济学的观点，资源要素、资本劳动的部门转移遵循趋利性原则。随着经济总量增长，生产要素部门转移带来产业结构将由一、二、三产业转移到二、三、一产业进而到三、二、一产业，进行有序演变。

（二）城乡生活质量融合

城乡生活质量融合就是城乡居民在获取医疗卫生、基础教育、公共安全、就业服务、养老保障、公共福利等基本公共服务权利逐步均等化。因为城乡居民实际获取基本公共服务的权利，才是他们生活质量水平的外在表现。城乡居民获得基本公共服务权利越平等，代表城乡居民生活质量越均等化。《关于建立健全城乡融合发展体制机制和政策体系的意见》对"基本公共服务"方面提出了具体要求：到 2022 年，基本公共服务均等化水平稳步提高；到 2035 年，基本公共服务均等化基本实现。

（三）城乡文化教育融合

城乡融合发展的核心在于文化融合，重点在于行为改变。这必须通过教育途径，因为观念思维和行为方式的转变、文化品性改变和视野开拓都离不开教育，城乡教育的均衡发展，可以加快城乡融合发展的进程。要实现城乡融合发展，破解新时代农村建设的难点，须重塑城乡教育理念认识，构建城乡融合一体的教育体系，加大乡村教师资源建设力度，把教育同农民收入持续增长紧密结合起来，确保融合发展的效益性和可持续性。

（四）城乡生态环境融合

绿色发展理念被迅速贯彻到中国发展的各个方面。城乡融合发展包含了城市和乡村两者之间的生态环境的融合。城市发展速度快，同时也存在着严重的环境污染问题；乡村虽然发展程度不及城市，但由于长期的农村面源污染问题，已经超出了资源环境承载力，农村生活污水直排、垃圾乱扔滥倒等"脏乱差"问题突出。通过合理配置城乡生态资源，加强城乡生态市场有机联系，推进城乡环境治理生态化互补共生，消除城乡差别化对待，城乡居民共享良好生态环境，以促进城乡经济、社会和生态全面协调发展。

（五）城乡空间结构融合

城乡空间结构融合是城乡融合的载体，也是经济增长的重要助推力。城市与农村是典型的两种社会经济活动空间组织形式，以空间形态为载体大力推进城乡融合发展，可以促进城乡人口之间的自由流动，使得城乡基础设施发展均衡，交通更为迅捷，商品流通更为顺畅，将城乡之间由点到点的结构转变为由面到面的网状结构，使得城乡往来更加频繁，进而实现城乡市场顺利对接，不断提高空间资源利用效率，为经济增长提供新的发展空间，进而提升整体经济发展水平。

第二章 城乡关系的理论综述

第一节 国外研究综述

城市与乡村有着天然的联系，城市从乡村中孕育而生，并逐渐发展壮大。从世界各国发展的历程来看，各国大都经历过城乡关系失衡、非良性互动的发展阶段，即"乡村孕育城市—城乡分离—城乡对立—城乡融合"，这一演变进程与工业化进程基本同步。随着产业革命带动社会大分工，城市和乡村出现二元分化，国外学者对城乡的相关研究开始萌芽。随着工业化进程中城乡关系的变迁，关于城乡关系的理论研究是不断深化的。马克思和恩格斯就是运用经济学与社会学的观点，从历史演进的角度阐明了城市与乡村关系。通过现有文献分析，国外城乡发展理论研究可归纳为"三观"之变：20世纪50年代之前朴素的城乡整体发展观、50—70年代的城乡分割发展观以及80年代后的城乡融合发展观。

一、城乡整体发展观

西方学者对于城乡统筹的思想最早可以追溯到空想社会主义思想家圣西门（Comte de Saint - Simon）的城乡社会平等观、欧文（Robert Owen）的"理性的社会制度"与"共产主义新村"、托马斯·莫尔（St. Thomas More）的"乌托邦"社会方案、康柏内拉（Tommaso Campanella）的"太阳城"、巴贝夫（Gracchus Babeuf）的"人人平等的普遍幸福"和傅立叶（Charles Fourier）的"法郎吉"的设想，这些体现了对城乡关系及城乡空间发展形态提出的构想都试图避免城乡分离状态，主张城乡协调发展。随后在1826年，杜能（vonThunen）的《孤立国》，创立了"农业区位理论"，并进一步提出著名的"杜能圈"，通过产业布局将城乡融合为一体。

早期城市规划理论研究者也发现了城乡统筹发展的必要。1898年，城市规划理论的重要奠基者埃比尼泽·霍华德（Ebenezer Howard）创设了"田园城市"思想，提出了城乡一体化的社会新结构，以取代城乡对立的空间布局和发展状态。20世纪初以来，这种思想对世界许多国家的城市规划产生了很大影响，田园城市模式一度成为世界所推崇的模式。正如霍华德所说："城市与乡村扬长避短之融合必然激发出新的文明生活希望。""田园城市"理论，实质上是城市与周围的农村作为一个整体进行分析和研究，从城乡协调发展的角度重新研究城市的发展，对城市发展，特别是西方国家的城市规划产生了很大的影响。

美国著名城市学家刘易斯·芒福德（Lewis Mumford）主张"分散化城市"的观念，提倡建立许多"新的城市中心"以形成区域一体，认为城市的发展有赖于乡村的支持，乡村的发展又依赖于城市的推动，正如其经典论述所指出，城乡重要性相同，是不能分开的，应有机结合融为一体；弗兰克·劳埃德·赖特（Frank Lloyd Wright）提出"广亩城"和"区域一体化"等思想理论，也明确指出城乡之间的发展模式应该采取统一、协调整体的科学方式。还包括恩格斯最早提出"城乡融合"的概念，以及列宁和斯大林也曾总结和阐述了社会主义条件下的新型城镇化关系，即城市与乡村的生活条件应该是均等化的，而不是彻底消灭城乡之间的差别。总体而言，这些都是早期朴素城乡整体发展观的代表思想和理论。这些城乡关系论调是城乡一体化的早期雏形研究，大都呈现为一种理想化状态，但它们却表达了人们最开始对城乡平等、协调发展最朴素的愿望。

二、城乡分割发展观

（一）二元经济论

20 世纪 50—70 年代，很多学者开始研究城乡关系问题，并进行了深入的探讨。荷兰经济学家 J. H. 伯克（J. Boeke）在 1953 年最早提出"二元结构"概念，指出印尼经济存在以工业为主的非农业部门和以农业为主的农业部门，两者在社会文化及经济制度方面迥异，这间接表明工农和城乡的巨大差距。"刘易斯-拉尼斯-费景汉"模型是这一时期研究的经典之作。

英国经济学家刘易斯（W. A. Lewis，1954）提出"二元经济"的概念和分析方法，他认为发展中国家存在现代工业、传统农业两个性质完全不同的经济部门。现代工业部门使用资本技术，劳动者的工资水平相对较高；而传统农业部门是发展中国家传统生产部门的典型代表，采用的是不使用资本的技术，劳动者的工资水平相对较低，但存在着近乎无限供给的剩余劳动力。两个部门的差异使农业部门劳动力不断向工业部门转移，这种劳动力不断被转移的过程，将促使经济从"二元"逐渐向"一元"过渡。

1961 年，美国经济学家费景汉（John C. H. Fei）和拉尼斯（Gustav Ranis）在刘易斯模型基础上作出补充和修正，他们认为刘易斯模型没有考虑农业在经济发展中的作用，提出只有采取适当措施提高农业劳动生产率，实现与工业部门劳动生产率同步提高，保障工业部门劳动力充足，工农业的平衡发展成为二元结构转换的核心。由此形成了著名的"刘易斯-拉尼斯-费景汉"模型。该模型发表后，广大学者接受应用到研究之中。根据这一个理论模型，人们得出了这样一个基本认识：为了寻求经济的快速发展和增长，实现现代化，就需要人类加快发展城市型工业，社会也应该向着以城市为基础的方向转化，这样农村剩余劳动力被大量转移到城市工业部门。因此，城市经济的快速发展会掠夺农村的各种资源，包括资金、人力资源等。

美国经济学家戴尔·乔根森（Dale W. Jorgenson，1967）提出了乔根森模型，对"刘易斯-拉尼斯-费景汉"模型中"劳动力无限供给"等假设进行再思考，他认为在初期，就应该保持工业部门和农业部门之间的平衡发展，这与刘易斯等认为的只注重城市、工业发展的发展模式是不一样的。美国发展经济学家托达罗（Michacl P. Todro，1970）对发展中国家劳动力迁移现象进行研究后，提出了托达罗模型。他认为发展中国家农业、农村发展相对落后，主要是由于长期忽视农业部门的生产，而过分强调城市、工业的投资与生产。

（二）城市偏向论

直到20世纪70年代，才有学者明确提出对"城市偏向论"的批判。"城市偏向论"最早由美国经济学家利普顿（Lipton）于1968年考察印尼通过价格剪刀差剥夺农业剩余来发展城市工业后提出，为分析发展中国家城乡关系构建的一个理论框架。此后，他于1977年在其重要论著《Why Poor People Stay Poor：A Study of Urban Bias in World Development》中系统阐述了"城市偏向"理论。利普顿指出，大部分发展中国家城市阶层和农村阶层在政治影响力、组织能力和游说能力方面存在严重的不对等，加之城市工业发展模式正在盛行，由此政府实施一系列城乡投资、价格和税收等政策。而这导致城市差距持续扩大、城市关系严重扭曲、农村发展落后以及农村生活贫困。早起城市偏向的关键是价格扭曲，价格扭曲随着经济结构调整不断缓解，但公共服务和公共支出的城市偏向却不断加剧，城乡福利差距日益扩大。城市偏向理论认为城乡之间存在严重对立和不平等，农村剩余劳动力因城市偏向而被迫向城市转移。

科布内基（Corbridge，1982）认为，产生这种"城市偏向"是由于政府制定出了许多不利于农村发展的价格保护策略，造成粮食价格过分低廉；另一方面，投资过于偏向于城市、工业，导致农村地区技术水平低下，广泛存在着教育、医疗、卫生、文化等公共服务基础设施的落后。昂温（Unwin，1989）认为，如果说城乡之间最大差别就在于人的阶级不同，那么"城市偏向"理论就把人口问题与空间问题合并，其中人口对城乡之间的各种"流"起到决定性的作用。"城市偏向"发展政策主要体现在广大发展中国家的工业化政策上，大多数国家在通过剥削农业来发展进口替代型工业化的政策。"城市偏向"理论引发了对从下而上城乡发展战略的探索。在同一时期，费里德曼和道格拉斯（Friedmann & Douglass，1975）提出了乡村城市的战略，是指为了乡村的发展取得理想效果，应在地方的层面上与城市发展相关联等。

三、城乡融合发展观

（一）融合发展理论萌芽提出

20世纪80年代，城乡统筹发展领域出现了根本性的分化，各种理论流派不断涌现，由施特尔与泰勒（Stohr & Taylor，1981）在《空间平等：对当代区域发展学说异议》论文中提出了"选择性空间封闭"的发展理论。主张把权力分散给各地方或各区域"社区"，使得它们不仅能按照自己的需要来规划人力和物力的发展，而且还能够控制对其发展有消极影响的外界联系。由朗迪勒里（1983）提出的"次级城市战略"认为城市的规模等级是决定发展政策成功与否的关键，因此需要以经济水平和地理区位等为基础，建立一个分散的、完整的次级城市体系，增强农村和小城市之间的联系，促进城乡协调发展；还有较小城市和较大城市之间的联系。此外，还有岸根卓郎（1985）主张城乡融合发展的"城乡融合系统"，以及昂温和波特（Unwin & Potter，1989）提出的"城乡联系与流"的思想。

由施特尔提出的"选择性空间封闭"发展理论只看到了城市对农村的剥夺，却忽略了城市对农村的带动作用；由郎迪勒里提出的"次级城市战略"与中国费孝通教授提倡的大力发展小城镇战略一致，也受到许多的质疑；岸根卓郎总结日本"第四全综国土规划"主要思想，提出的"城乡融合系统"与西方学术界长期坚持的城乡分割观点有鲜明的差别；昂温主要从城乡联系的角度，强调了城乡相互作用的重要性，为城乡关系的研究翻开了新的一页。

（二）融合发展理论模型形成

20世纪90年代，随着经济全球化和科技发展，城市化发展迅速，城市规模得到进一步扩大，处于城市边缘的乡村逐渐消失，城市与乡村关系密切。此时城乡研究的重点趋向于城乡之间的联系，更关注城乡之间作用的"网络"和"流"。20世纪末期，麦基（McGee）在研究亚洲的许多核心城市边缘及其之间的交通走廊时，发现"城市与乡村的界限日渐模糊，农业与非农业生产活动联系密切，城市用地与乡村用地相互混杂"的空间形态，这种是代表了一种特殊的城市化类型，称之为"Desakota"模式。这种模式是从城乡联系和城乡要素流动的角度，研究社会与经济变迁对于区域发展的影响，其重点不在于城乡差别，而在于空间经济的相互作用及其对聚居形式和经济行为的影响。

同时，道格拉斯（DouGlass）从城乡相互依赖的角度提出了区域网络发展模式。他认为"网络"概念是基于许多聚落的簇群，每个都有自己的特征和地方化的内部关联；其认为乡村的结构变化和发展通过一系列"流"与城市的功能和作用相联系，将"流"分为了 5 种：人、生产、商品、资金和信息，每种都有多个组合因素和效果，体现出不同的空间联系模式和多样利益趋向特点。为确保均衡发展目标的实现，"流"必须实现一种"城乡联系的良性循环"。

通过对现有文献整理，发现国外对城乡关系的研究从思想萌芽到各界流派的不断深入过程中，显示出以下特点：一是大多数研究是以发展中国家的城市关系为研究对象，这是因为发展中国家中城乡差距较为明显；二是研究重点逐步从城乡差异转移到城乡协调发展方面；三是研究视角均是在城乡分割的基础上来研究城乡融合的，研究对象多为早期西方国家或者拉美洲、非洲等地区。但没有更多国外学者对于中国城乡问题研究进行深入地研究探讨。

第二节　国内研究综述

自新中国成立以来，中国城乡关系发展历史可以划分五个阶段，1949—1957 年城乡互助阶段、1958—1978 年城乡分割阶段、1978—2000 年城乡协作发展阶段、2000—2016 年城乡一体化发展阶段、2017 年至今城乡高质量融合发展阶段。根据城乡关系发展的五个阶段，国内学者对城乡关系理论研究可划分为三个显著阶段，每个阶段根据经济社会发展需要，都有不同的关注点。1949—1978 年的研究倾向于"重工抑农"，1978—2001 年的研究关注于"城市偏向性发展"，2002 年至今的研究侧重于"城乡融合发展"。

一、城乡关系发展的脉络

（一）1949—1978 年萌芽时期

新中国成立时，在 1949 年七届二中全会上明确提出了"城乡兼顾、工农并举"的发展战略，该战略成为中国共产党处理城乡关系问题的最基本原则。1956 年，《论十大关系》中提出要在中国工业化发展进程中，必须协调农、轻、重的关系，只有重视农业、轻工业，才能最终实现全中国的现代化与工业化建设。从这些可以清楚看到，中央政府领导人在当时非常重视农业和农村发展。但在 1956 年后，中国开始推行计划经济体制，国家确立了重工业优先发展的发展战略。当时农村地域广阔，农村居民占总人口绝大多数，他们为响应党的号召，支援重工业的发展，开展了"人民公社运动"，实行平均主义的"大锅饭"。事实证明，随着经济的发展，这样的发展方式逐渐与"生产关系一定要适合生产力性质"规律相违背，也不符合广大人民的主要意愿，最终导致农业严重减产，农民收入锐减。此后，在1958年推行了户籍管理制度，它将城市居民和农村居民彻底划清了界限。在这个时期的"人民公社制度"和"户籍管理制度"，对后来中国形成的城乡二元结构产生了重大影响。这一时期国内学术界对城乡关系的研究响应了政府号召，具有明显的"重工抑农"的倾向性，在政策上有力推动了国家"重工业优先发展"战略的贯彻执行。

（二）1978—2001年成长时期

1978年后，中国进入改革开放时期，随着计划经济体制的逐步瓦解，城乡关系也有了深刻的变革。以"包产到户"为主要特征的"家庭联产承包责任制"取代了"人民公社制度"，农业由原来的集体经营模式改变为家庭经营模式或者个体经营。但此时"三农"问题更为突出，其中农民收入过低的问题越来越凸显，一方面是受"剪刀差"的影响，粮食等农副产品的价格普遍偏低；另一方面是由于农民收入来源过于单一，只能依靠农业劳动来维持基本的生计，因此城乡居民的贫富差距渐渐拉大。

这个时期，国内学术界开始重视对城乡关系的研究，一时间便涌现出了大量的研究成果。对城乡关系的认识不再局限于以前那种简单的工农关系、城市与乡村之间的关系等肤浅层面，不断丰富着城乡关系的基本内涵和发展规律。同时，研究的视角和领域也在不断增多，包括经济学、社会学、城市规划、地理学、人口学、生态学等都形成了自己独特的研究方向；在研究方法上也出现了相互借鉴、相互融合的局面；研究重点多为城乡相互作用的动力机制等。20世纪90年代中期以后，受到城市化进程迅速加快的影响，农村的各类资源要素，如劳动力、土地和资金等大量集中于城市地区，而农民的收入增长速度长期停滞，导致城乡居民的收入差距进一步拉大，农业发展陷入尴尬境地。此时，中国的户籍、财政、就业、医疗、教育等一系列城市偏向性政策并未根本改变。同时，快速的城市化进程导致农村土地大量被城市剥夺，城乡之间的矛盾日益尖锐，主要发生在城市边缘、城乡结合部。因此，学者们对城乡关系的研究更加关注各类政策、制度的作用与影响、城市偏向性发展现状问题以及城乡之间资源争夺等矛盾。

（三）2002年至今重塑时期

随着中国社会经济的快速发展，整体经济实力逐渐增强，城乡协调发展问题正式提出。党的十六届三中全会通过《中共中央关于完善社会主义市场经济体制若干问题的决定》，明确提出了"要落实科学发展观，实施五个统筹"，首先要完成的就是城乡统筹，即"实行以城带乡、以工促农、城乡互动、协调发展"，中国共产党十七大报告中再次明确提出要落实城乡统筹问题。学术界的研究焦点逐渐落实到关系城乡统筹发展的民生领域，如就业、教育、医疗等方面。党的十八大精神，立足城乡统筹发展，推进城乡一体化建设。党的十八大指出："城乡发展一体化是解决"三农"问题的根本途径。党的十九大在总结以往城乡关系经验教训基础上，提出乡村振兴战略。强调要重塑新型城乡关系，走城乡融合发展之路，建立健全城乡融合体系发展体制机制与政策体制，促进乡村振兴和农业农村现代化建设。在城乡关系重塑时期，不同阶段城乡关系发展研究侧重于不同的关键词"城乡统筹""城乡一体化""城乡融合"，但这都是为实现乡村振兴和城乡协调发展，最终完成全面建设小康社会的总目标。

二、城乡融合发展的综述

现如今，中国特色社会主义进入新时代，乡村振兴战略取得很好的进展，城乡融合发展成为乡村振兴战略推进的重要内容。如在《工业反哺农业实现机制刍议》中，林玉妹（2007）认为实施工业反哺农业战略，一方面要在体制上打破城乡分割体制，扭转要素单向地从农村流向城镇的机制；另一方面要建立城乡统筹发展的新体制，形成工业支持农业、城镇支援农村的要素流动机制。白雪秋（2018）在《乡村振兴与中国特色城乡融合发展》一书中，以马克思主义的公平与公正理论和城乡关系学说为支撑，分析中国进入新时代后，如何在现实基础上实施乡村振兴战略，实现中国特色城乡融合发展的研究，为中国实现全面建成新时代城乡关系提供了相应的理论支持和可操作的实践思路。

（一）发展现状研究

针对国内城乡融合发展现状和存在的问题，也有一些学者进行了研究，并发表了不同见解。徐丽杰（2016）指出中国城乡关系发展面临的深层次矛盾，主要包括城乡居民收入和消费差距大、基本公共服务供给不均、城乡产业结构不合理、经济联动不足、重城镇化速度而轻其质量、城乡一体化发展机制尚未形成等。李智等（2017）以城乡相互作用中的要素、城乡联系、空间为核心，以乡村复兴研究为切入点和重要抓手，对快速城镇化过程中的乡村落后现象与乡村传统发展模式进行反思。蒋永穆（2018）认为，城乡融合仍未形成明确的体制机制，虽然各项经济指标差距明显缩小，但仍未形成质的改变，农村仍是发展过程中的短板。韩俊（2018）指出，城乡融合已取得明显进展，公共服务和基础设施覆盖率明显提升，城乡要素交流规模不断扩大，范围也不断扩展，城乡互动交流明显增强。宋迎昌（2019）提出，城乡融合相较于城乡统筹和城乡一体化，更加注重过程和机制，他认为城乡融合是城乡地位平等的融合，是城乡互动的融合。郭海红（2020）认为，城乡融合整体水平较低，但在缓慢平稳增长；南北差距比东中西差距显著；长期内很难达到多重均衡，并具有空间相关性；财政分权体制改革要与区域经济协同发展，支持中西部地区的财政转移支付的力度需加强。姚毓春（2021）指出，中国还没有完全摆脱城乡二元体制机制制约，城乡之间要素流动不顺畅、公共资源配置不合理、基础设施不完备和现代农业产业体系不健全等问题阻碍了城乡融合发展。

从目前中国城乡关系来看，城乡融合发展已经具备了内在基础和外在条件，但是由于长期的滞后性，城乡发展不平衡，城乡融合发展还存在很多潜在矛盾，面临很多制约因素，需要不断提升完善。

（二）发展模式研究

关于当前城乡融合发展模式，高彬（2010）总结了国内城镇化的模式，主要有苏南模式、温州模式、珠三角模式和成都模式。其中苏南模式主要以政府为主导，调用各类资源为乡镇企业提供保障，以小城镇发展推动城乡互动发展；温州模式则主要通过私营企业发展，形成产业规模效应，同时以家庭工业推动小城镇发展；珠三角模式则主要以利用地域优势为主，通过引进外商投资，促进了当地城镇化建设水平；成都模式则主要通过制定城乡发展总体规划，先构建县域增长极，推动城镇化发展。张沛等（2014）根据国外发达国家城乡一体化高级阶段的特点，总结出关于城乡一体化的概念性认知，包括城市综合体、区域新城化、城乡融合式、田园城市观、城乡一体的社会组织形态代替城乡对立的发展状态、城市分散化等。张志（2014）通过对国内外研究现状总结出城乡协调发展应构建城乡动态网络式空间，以连续式、点线面相结合的多层次和多节点区域综合体为发展目标；城乡协调发展要具有中国特色；注重文化差异与冲突对城乡协调发展带来的影响。杨志恒（2019）提出城乡融合不是以城带乡的城市偏向主义，也不是以城乡无差别为导向的均衡主义，而是在保留城乡各自特色的基础上实现联动发展，共同推动区域整体进步。

关于城乡融合的特点，黄小明（2014）指出城乡融合发展的重点是生产要素的合理流动和优化组合；同时指出，如果以人力资源流动的视角来分析，城乡融合强调农村劳动力在城市和乡村的收入水平和机会成本应基本保持一致。盛开（2018）认为，城乡融合发展的特点是城乡发展的双向促进，通过制度改革和机制完善，使得生产要素实现双向流动，从而重塑城乡关系。刘春芳（2018）指出，城乡融合发展的关键在于平等，即资源要素共享上平等、基础设施和公共服务共享上平等，从而促进乡土文化与现代城市文化相交融，催生绿色生态空间和宜居城乡环境。李爱民（2019）认为，城乡经济联系趋于密切，城乡人口、资金往来频繁，但不可回避的是，城乡融合发展依然面临诸多障碍，亟待从根本上加以解决，特别是城乡融合区域差异明显。要推动城乡融合发展取得显著成效，需要差异化探索城乡融合发展路径，推动城乡融合模式创新。

（三）发展路径研究

关于当前城乡融合发展路径，何仁伟（2018）认为，城乡融合发展是基于空间布局优化和制度供给创新的经济、社会、环境全面融合发展，"乡村振兴五边形"和"人—地—钱—业"是乡村振兴的核心内涵；城乡融合与乡村振兴战略相互支撑，城乡融合和乡村振兴的过程是城乡空间动态均衡的过程。促进城乡融合发展、实施乡村振兴的关键要素，即通过城乡要素的重新优化配置和人口的流动，城乡人均综合发展效益逐渐趋于相等；城乡等值线可以进一步解释城乡发展空间均衡的动态过程与传导机理。许彩玲（2019）指出，城乡融合发展的具体内涵是把城乡当作一个有机整体，放在开放的、公平的、公正的发展环境中，让城乡资源要素对流畅通、产业联系紧密、功能互补互促，推动城乡生产方式、生活方式以及生态环境向一体化方向和谐发展，最终实现人的全面发展和人与自然的和谐相处。黄渊基（2019）提出可从城乡生产经营融合、资产收入融合、要素资源融合、人力资本融合、基础建设融合和管理服务融合等六个融合着力，推动城乡经济、政治、社会、文化、生态等实现城乡资源要素双向流动，切实解决城乡经济社会发展不协调、不平衡的问题。陈丹等（2019）指出城乡融合的关键在于对城乡经济结构和发展方向的调整，农村农业需要有优先发展的位置，同时资源、机会要向农村农业倾斜。地方政府财政资金引导、农村金融服务拓展、资源要素与土地融合，农业科技人才流动都会促进农业新兴科技成果扩散，构建合理的资源要素双向流动机制，推动城乡的融合发展。翟坤周（2020）认为，对城乡融合高质量发展"绿色化"应从"新阶段—新理念—新格局"高度深化其内生逻辑和意蕴；从"规划—主体—产业—空间—制度"协同角度设计推进方案，逐步形成城乡融合"绿色"发展的增长新空间和新格局。杨文杰（2021）重点强调了农村绿色发展，做好农村空间布局、合理管控城镇化进程等，推动将"绿色"真正转化为发展动力。谭明方（2021）指出，促进县域社会城乡融合发展可从城乡政治融合发展入手，完善县域社会治理体系为重点，提升治理能力。

根据对现有文献的整理，可以发现城乡统筹发展非常迅速，各国专家学者在这方面都表现出极大关注，通过发展城乡统筹来实现乡村振兴，把握城乡统筹的核心思想，以人民为中心，在教育、基础设施、生态环境、土地、财政、剩余劳动力等方面提出不同方式的实现路径，切实解决了在这其中产生的问题，但是忽视了更重要的一点，在解决所产生的问题时，很多都是基于客观理论基础上进行研究论述的，没有结合乡村发展实际来解决问题，由于乡村所在的地理位置分布不同，所产生的问题也会有所不同，使用的方法也会有所差异。所以，选择合适的理论模型时，要先做好分析，再进行实践运行所选择的模型，这样会取得较好的效果。

第三章　城乡融合发展机理研究

第一节　城乡融合发展的影响因素

大力推动城乡融合发展，对于深入贯彻落实科学发展观，夺取全面建设小康社会新胜利，开创中国特色社会主义事业新局面，具有重大而深远的意义。然而，城乡融合发展过程中存在许多现实因素，不同程度地制约着农村的发展，影响着城乡融合的发展进程。

一、自然资源

现在，越来越多的农村居民涌入城市，使城市的土地资源变得紧张。一方面，如果城乡土地规划的矛盾得不到妥善处理，会对中国小康社会目标的实现过程产生严重影响；另一方面，大量农村居民转移到城市后，许多农村用地处于闲置或荒废状态，只有通过合理的土地规划，充分利用这些闲置土地，才能提高城乡发展的均衡性。

从当前国内城市发展情况来看，很多地方规划严重忽视城乡融合发展，只片面注重县城及周边区域的规划发展，对乡镇发展缺乏融合考虑，造成了乡镇建设混乱、村内建房无序等乱象，并且城乡之间的规划也存在明显的不平衡，主要表现在两个方面：一是有的地区在建设和发展过程中挤占农业用地面积；二是有的则强调耕地保护和用途管制，遏制耕地"非农化"，使得越来越多的农耕用地无法得到合理利用，局限了城市经济建设发展水平。

在城乡规划的过程中不可避免会有一定的矛盾与分歧，若问题不能妥善处理，就会阻碍工作的顺利开展。各地区地理条件本来就存在差异，要根据实际情况，恰当地处理城乡规划的矛盾。

二、经济状况

不平衡、不充分是城乡发展面临的长期性问题，其中尤以经济方面的差距最具代表性。城市经济以现代化的大工业生产为主，而农村经济以典型的小农经济为主，比如 2019 年中国城镇居民人均可支配收入为农村的 2.685 倍。

改革开放以来，随着中国经济的快速发展，城乡经济基本处于一种非均衡的发展态势，这种不均衡在打造国际大都市，加快城市化和现代化进程中更为突出。2019 年，中国人均 GDP 为 70 724.9 元，意味着中国经济已经发展到一个新的阶段，已经进入到世界银行公布的"中上级别"国家了，城乡非均衡发展还会继续惯性推进，城乡之间差距以及农村内部差距还有进一步扩大的趋势，这应该得到高度关注并逐步解决。中国城乡居民收入差距经历了一个先缩小后扩大、再缩小再扩大的过程。

近年来，在国家采取多种惠农措施指导下，城乡收入比例从 2000 年的 2.74∶1 缩小到 2019 年 2.64∶1，但如果把住房、教育、医疗和社会保障等各种社会福利考虑在内，城乡居民的收入差距可能更高，这么大的收入差距必然影响城乡融合发展。

三、社会文化

从社会文化融合发展来看，城乡之间也存在多方面的不均衡。

（一）城乡义务教育差距大

党的十九大报告指出，要优先发展教育事业，推动城乡义务教育一体化，高度重视农村义务教育，办好学前教育、特殊教育和网络教育，普及高中阶段教育，努力让每个孩子都能享受公平又有质量的教育。当前，各级政府和教育部门对城市和乡村的教育投入分配存在"一多一少"的问题，且两者间的差距非常明显，导致农村地区各类教育配套设施落后，无法有效满足乡村学生的学习需求。中国城乡义务教育差距集中表现在经费投入数量的差距，师资数量、质量和稳定性的差距以及办学条件的差距等。

（二）农村民生保障差异

在城乡社会保障项目方面，城市中已经基本建立了包括养老保险、医疗保险、工伤保险、失业保险和生育保险为基础的社会保险体系，在救助、福利和优抚等方面项目也相对齐全，覆盖范围广泛。但在广大农村地区，主要集中精力在基本保障层次，主要是社会救助和优抚方面，保险和福利几乎没有；在卫生配置方面，农村地区农业人口与卫生人员的比例极度不协调，床位数严重偏少，2019 年每千人口医疗卫生机构床位为 4.81 张，城乡人均卫生费用差距也较大。

（三）城乡公共文化资源配置不均

城乡文化事业费投入比例存在不协调问题，农村地区人均水平远低于城市居民。农村的文化设施方面存在的问题更为突出，不少农村在文化设施的文化站、活动室等场地建设方面未达到基本要求。农村的公共文化服务则存在形式陈旧、内容单调等，文化下乡的服务内容、覆盖范围、组织频次和农民群众的实际需求还有较大的差距。

(四)"后扶贫时代"任务依然艰巨

经过近 10 年奋斗,中国实现了现行标准下农村贫困人口全部脱贫,贫困县全部摘帽,消除了绝对贫困和区域性整体贫困,取得了重大胜利。但是,仍然存在相对贫困,在即将进入"后扶贫时代",如何保障处于贫困边缘的弱势群体和弱质地区不返贫和防止原非贫困户在遭遇自然灾害、突发疾病等意外时致贫,实现脱贫攻坚与乡村振兴的有效衔接,尽一切可能缩小收入差距,实现同步增收,这仍然是一项艰巨的任务。

四、制度政策

新中国成立以来,中国实施的主要是重工轻农发展战略和城乡户籍分割制度,造成了城乡二元社会结构日渐显著和城乡失衡发展,导致了农业发展迟缓和农村贫困。在中国经济转型期间,制度政策向城市倾斜。农村和农业为经济发展提供了资源,但没有得到回报和补偿;城乡市场分割,影响了工业和城市对农业发展的带动作用,导致了城乡之间、城镇内部和农村内部收入差距呈现全方位扩大的趋势,主要是低收入居民收入增长幅度小于高收入居民。虽然近阶段,收入差距扩大趋势得到初步抑制,但仍然存在城乡居民之间收入、教育、医疗、消费、就业和政府公共投入差距。

城乡矛盾是发展中存在的普遍问题,要解决该问题,必须在制度政策上有所倾斜。比如,改变城乡之间的逆向分配、继续减免农业税和各项杂费、逐步取消农民进入城市工作的限制条件、加强农村基础和技能教育、完善农民最低生活保障等制度政策,并保证这些政策的有效实施,才能促进城乡融合发展。

第二节　城乡融合发展的促进机理

一、城乡融合发展的系统构成

城市和乡村是两个拥有复杂社会经济地域的不同系统,它们之间存在着明显的差别。第一,从功能上看,农村是城市的外围区域,为城市居民提供食品和生产原材料;城市是区域的政治、文化、经济、交通中心,除满足城市居民的基本活动外,主要为其他区域提供各种服务。第二,从土地利用方式看,农村土地主要用于农作物耕种;城市土地有商业用地、居住用地、生产用地、绿化用地、城市基础设施用地等不同使用方式,土地利用的集约化程度高。第三,从居民的生活方式上看,农村生活节奏更闲适,少拥堵;城市生活节奏更快，更加拥堵。第四，从居住条件上看，农村多以家庭院落为主要居住形式，城市居民则以单元楼为主；还有农村居民密度低于城市，农村收入水平低于城市，农村消费系数高于城市等。

两个地域系统的差别明显，目前也无法消除，但是两个系统是相互扶持存在的。1902年萨姆巴特在德国提出了城市基本活动的概念，认为城市不能孤独存在，城市的基本职能是为城市以外的区域服务，即构成城市的基本活动，它是城市发展的主要动力。城市以外的区域当然包括广大的农村区域，农村生产剩余的市场在城市，农业富余劳动力的就业主要在城市，农民接受中高等教育以及其他社会服务的机会也主要由城市提供。同样，农村也不能脱离城市而发展。朗迪勒里曾指出，农村发展的目标，无论如何认真构思，都无法独立于城市或者完全通过"自下而上"发展战略来实现。

由此可知，随着城市的发展，城市与农村之间的物质、人员、交通等联系十分密切，城市与乡村构成相互联系的统一整体——城乡系统。这个统一的系统由两个子系统构成，即农村系统和城市系统，两个系统之间相互作用，最后融合发展，形成一个独特的城乡交错系统，它是一个连续的城乡统一体，没有明显的断裂点。对于农村系统来说，距离城市越远，区域系统中的农村特性越强，城市特性慢慢减弱。城乡融合发展的核心就是构建城乡融合体系，逐步实现城乡融合发展。

二、城乡融合发展的要素流动

农村系统和城市系统是相互联系、相互作用的动态系统。中国推动城乡发展一体化要坚持从国情出发，从城乡发展不平衡、不均衡和二元结构的现实出发，从中国的自然禀赋、历史文化传统、制度体制出发，要把工业和农业、城市和乡村作为一个整体融合谋划。

当前，中国经济实力和综合国力显著增强，具备了支撑城乡融合发展的条件，到了工业反哺农业、城市支持农村发展的阶段。从经济意义上来说，城乡融合发展就是在市场机制自发调节和政府宏观调控的共同作用下，实现城乡经济资源的优化配置组合和资源的双向流动，达到城乡共同发展的目的。为了实现这个目标，关键在于要素的充分流动，城市向农村提供资金、科技和信息等；农村向城市提供劳动力、食物和原材料等（图3-1）。

（一）城市向农村提供资金、科技和信息等

1. 资金。 对于农村而言，最短缺的就是资金，资金是决定经济增长的基本要素，资本总是向着投资效率高的地区流动，由于城市经济条件好，资本的边际效率较高，资本从农村流动到城市，但根据边际效率递减规律，随着农村

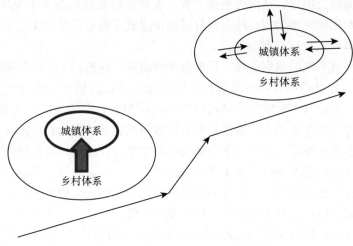

图 3-1 城乡融合发展运行机理

的资本边际效率的逐步提高，资本就从城市缓慢地回到农村，而且近年来农民收入的增加，绝大多数都是源于外出务工人员等非农产业。

2. 科技。 科技是第一生产力，是推动经济增长的一种重要资源。农村技术水平的提高依赖于两个方面：一是科技创新，引进先进的科学技术；二是科技推广，使先进的科学技术在农村广泛推广，转化为现实生产力。由于城市具有雄厚的人力和物力资源，技术往往优先在城市发展，因此技术一般由城市流向农村，帮助农村发展。

3. 信息。 在信息方面，由于刚刚起步，中国农业信息内容还存在许多问题，较普遍的问题是：信息资源规模小且扩散、信息内容缺乏时效性、网站信息重复现象严重、缺乏信息的深层挖掘与开发。当前中国农业正在从传统农业向现代农业过渡，对信息内容的需求也非常紧迫，而这些信息的获得，必须依靠城市的帮助。

（二）农村向城市提供劳动力、食物和原材料等

1. 劳动力。 对于城市而言，农村为城市提供了廉价的劳动力资源，扩大了对生活资料和生产资料的经济需求，推动了经济增长。农村进城务工解决了沿海地区经济发展与劳动力不足的矛盾，并降低了工业劳动力成本，将有力地促进中国工业和经济起飞。同时，大批农村劳动力资源长期生活在城市，刺激当地生活和生产资料的需求，促进了城市消费市场的扩大，可以牵动农村生产的发展和储蓄增加。

2. 食物。 食物是人类赖以生存和社会发展的最基本的物质条件，是一个不以时间变换和空间转移而改变的永恒性主题。城市与农村的经济分工，决定了农村为城市提供食品的必然。随着城市化进程的加快，越来越多的农村居民转化为城市居民，城市居民数量不断增加，城市的食品需求对整个社会食品供给的意义不断增强，城市对农村的食品需求也越来越强烈。

3. 原材料。原材料分为两大类：一类是在自然形态下的森林产品、矿产品与海洋产品，如铁矿石、原油等；另一类是农产品，如粮、棉、油、烟草等，这些原材料通常由农村提供，到达城市后，在城市进行再加工。

城乡协调发展的本质，其实就是城乡地域系统内两个子系统之间通过相互作用、相互促进，不断协调发展推进的过程。

三、城乡融合发展的协同机理

长期以来，中国城乡经济社会发展形成了严重的城乡二元结构，城乡分割，城乡差距不断扩大，"三农"问题日益突出，使得乡村的发展成为中国整体经济发展过程中较为薄弱的一环。但是，农村和城市也存在互动，他们相互联系、相互依赖、相互补充、相互促进，农村的发展离不开城市的辐射和带动，城市的发展也离不开农村的促进和支持。因此，必须融合城乡经济社会发展，通过城乡布局规划、政策调整、国民收入分配等手段，促进城乡各种资源要素的合理流动和优化配置。充分发挥城市对农村的带动作用和农村对城市的促进作用，才能真正实现城乡融合发展。

城乡融合，不仅仅是指经济范畴，城乡经济与社会发展中的物质文明、精神文明、政治文明、社会文明和生态文明五个方面都要实现融合发展，打破城乡界限，优化资源配置，实现共同繁荣。

（一）城乡融合的促进作用

随着城乡融合的不断增强，一些优势也就体现出来了。例如，人均收入增高，医疗水平、教育水平、基础设施建设得到完善，就业机会增多。

1. 医疗水平、教育水平、基础设施。在医疗水平、教育水平和基础设施方面，农村基础设施和公共服务是加快推进城乡融合发展工作中的"七项规定动作"之一，提高村级公共服务和社会管理水平，促进城乡公共服务均等化，是融合城乡发展的重要任务。2005年党的十六届五中全会提出了实现"农村公共服务均等化"的重要命题；2006年，中共中央、国务院发布《关于积极发展现代农业，扎实推进社会主义新农村建设的若干意见》的文件，该文件提出了把发展现代农业作为社会主义新农村建设的首要任务，强调各级政府要切实把基础建设和社会事业发展的重点转向农村。

2. 就业机会。在就业机会方面，党的十六大报告指出，要坚持以信息化带动工业化，以工业化促进信息化，走出一条科技含量高、经济效益好、资源消耗低、环境污染少、人力资源优势得到充分发挥的新型工业化路子。就业岗位总量与时俱增，农村富余劳动力为实现自身价值，通过劳务输出，转向城市就业，时至今日基本形成了城乡就业的大格局。

（二）城乡融合的抑制作用

城乡融合发展确实有很多好处，但任何事物的发展都具有两面性。城乡融合发展也使物价上涨、生态环境失衡、留守儿童和空巢老人增多。

1. 物价上涨。经济融合发展目标是物价稳定、经济增长、就业充分、国际收支平衡和金融稳定，这些目标有的是协同的，如经济增长，就业形势就好；但有些是矛盾的，如经济增长就会使人们收入增加，物价上涨。因此，需要协调两者之间的关系，使经济发展保持一定的速度、失业率限制在一定的范围、物价上涨限定在一定范围内。

2. 生态环境失衡。生态环境的失衡主要是人为因素所造成的，平时人们在生产、生活中排放的大量"三废"和某些工业、生活设施的突发意外事故，以及医院未经处理的废弃物等均可造成环境污染，严重时可引起危害。

3. 留守儿童和空巢老人增多。城乡融合发展的过程中，不可避免地存在经济政策的不平衡，导致沿海城市相对发达，民工流动集中，从而形成贫富差距急剧扩大。一些在家务农的农民开始举家外迁才能满足社会发展的需求，这就造成了留守儿童和空巢老人的增多。

总的来说，城乡融合发展确实有利有弊，但利大于弊，并且城乡融合也是人们必须要遵循的，随着城乡不断地互动，城市和乡村由开始融合小部分，变得融合的部分慢慢增多，发展水平也在不断地提高，虽然城乡融合的缺点无法完全消除，但可以通过自身的努力，做出一定的贡献，努力扩大城乡融合发展的优势，缩小劣势。

第三节　城乡融合发展的实现途径

城乡差别是中国经济结构不平衡的主要问题之一，严重制约了中国经济的进一步发展，同时也为融合的实现带来了巨大的挑战。虽然中国在城乡融合方面取得了一定的成就，但是城乡二元结构依然存在，在城乡融合的过程中，应该把握城乡发展的关键点，确立正确的发展途径。本书通过分析河南城乡经济结构协调化、义务教育均衡化、生态环境共生化、区域空间融合化、居民生活质量均等化以及城乡居民主观幸福共享化这几个重要方面，提出城乡融合发展的实现途径。

一、城乡经济结构协调化

在城乡经济发展方面，要推动城乡经济结构协调化，就要推动城乡经济一体化，要加快促进城乡产业一体化和生产要素一体化，推动城乡产业协调发展，以市场为导向来促进生产要素的合理配置，实现资源优化配置有效利用；在农业方面，要完善农村土地流转制度，提高土地使用效率，增加农民收入，要发挥农业大省的优势，推动农业产业化和现代农业的发展，推动农产品商品化进程和农业产业链的延长，优化农业产业结构，实现农业可持续发展，大力发展农业特色旅游业，推动农村第三产业的发展；要积极培养和引进专业优秀人才，提高河南省城乡劳动力素质；要坚持工业化与城镇化的共同发展；要坚持中原城市群建设，形成独特优势经济体，着力优化产业结构，提高经济效益；政府要加大对农村地区的扶持力度，深入推进乡村振兴战略，建立以工促农、以城带乡的有效机制，推动城乡经济结构协调化。

二、城乡义务教育均衡化

城乡经济与社会发展长期不均衡的历史导致了城乡二元机制的形成，农村教育投入和资源配给相对不足导致了城乡义务教育水平差距较大，就此义务教育也成为了基础性发展中最薄弱的环节之一。要实现城乡融合发展，不能忽略城乡义务教育的均衡发展。当前，河南省城乡教育存在着教育软实力差距大、农村学校办学条件差、基础设施跟不上、教育资源少、农村教育投入经费不足、生源大量外流、升学率低下等问题；促进城乡义务教育均衡发展，要求政府融合协调，全面规划，着力融合城乡义务教育管理体制，从全局出发，统一规划城乡义务教育的发展路径，制订统一标准，融合经费的管理发放；要加大对农村地区教师的补贴力度，保证乡村教师的收入不低于城市教师，促进城乡教师合理、双向流动，优化师资队伍，提高农村地区教育水平，切实解决乡村教师数量少、质量跟不上导致的教育困局；政府加大农村教育方面的财政投入，进行校舍、计算机、多媒体资源等基础教育设施的建设，改善农村教育环境，着力解决农村教育设施落后、严重大班现象等问题，通过改善农村教育环境和优化城市学校教育资源，缓解负重颇多的城市学校的承载压力，促进城乡教育协调发展，弥合城乡教育差距，并提升教育质量，实现高质量的城乡教育融合发展。

三、城乡区域空间融合化

推动河南省城乡区域空间融合化，首先要打破二元制经济结构导致的重城轻乡、重工轻农，将城乡发展作为一个整体统一管理规划，要协调互补城乡之间的功能，以城带乡，以乡促城，达到城乡融合，要推动户籍管理制度改革，努力推动城镇化建设，加快城乡生产要素一体化，统一市场，推动城乡经济、教育、医疗卫生等的一体化发展，推动产业融合；政府降低人口流动的制度成本，建立保障制度，并采取措施鼓励城市人才到农村发挥作用，建立城乡之间良性的人才流动体系；要提高乡村空间治理能力，加强乡村凝聚力和融合发展能力，推动乡村振兴，增加居民收入，促进城乡融合；促进城市内部协调，推进城市化进程，完善基础设施和社会保障制度，实现公共服务均等化、公平化，促进农村剩余劳动力向城市转移，为城市发展提供劳动力储备，促进城乡融合发展；要大力推进城市群建设，发挥城市集聚效应，提高城市竞争能力，推动河南省整体空间融合发展。

四、城乡生态环境共生化

城乡生态环境共生化是推动城乡融合建设，进而推动城乡融合协调发展、全面建成小康社会的重要一步。加强城乡生态环境管理，就要切实做好河南省城市、农村、工业、农业各方面的生态保护工作，这也离不开政府、企业和居民各方的共同努力。在城市方面，要加快城镇化建设，要扩大城市绿化面积的建设，提高环境承载能力，通过单双号限行、增加城市公共交通资源、对城市居民进行环境保护宣传教育等方法减少尾气排放，改善城市环境质量。在工业方面，要改善工业结构，限制高污染产业的发展，限制工厂污水和废气排放量，鼓励引导合理排放。在农业方面，要发展生态农业，减少不必要的农业污染，可以通过建造经济林等在合理利用土地资源创收的基础上保护生态环境，污水统一集中处理，禁止随意倾倒污水污染水源，政府要加大对农村生态保护设施的建立和维护力度，禁止城市污染垃圾向农村转移；要加大宣传力度，提高农村居民的环保意识；大力开发和鼓励使用可再生能源；政府出台生态环境保护法律法规，推动河南省城乡生态文明建设。

五、城乡居民生活质量均等化

要提高居民主观幸福感，就要着力提高城乡居民的生活质量和水平，要通过大力促进城乡居民就业，提高居民收入，融合并加快城乡各种基础设施、医疗、文化、社会保障建设，在城乡之间建立较为公平合理的公共服务体系，努力提高城乡居民生活质量。融合城乡基础设施建设，就要实行统一的公共财政支出体系，把农村基础设施建设纳入公共财政支出的范畴，改善农村基础设施建设情况；在医疗上，调整城乡医疗卫生资源配置，完善农村医疗设施，提高农村医疗卫生保障水平，建立健全城乡医疗保障制度，解决农村居民就医难、就医贵问题；完善社会保障体系，健全社保、城乡居民养老保险等；增加居民收入，必须大力推动就业，当前农村地区剩余劳动力多，政府要积极引导农村剩余劳动力向城市转移，增加居民就业，提高城乡居民收入水平，增加居民可支配收入；大力实施乡村振兴战略，帮助摆脱贫困要大力推进文化产业发展，要鼓励"城市书屋""文化广场"、农村公益性文化服务设施的建设和发展，要支持、鼓励城乡居民参加文娱活动，充实自己、丰富自己的精神生活，提高城乡居民的生活质量。

六、城乡居民主观幸福共享化

幸福是人们内心的一种主观感受，就是城乡居民对自身生活状况的满意程度。联合国常以"居民幸福指数"作为重要指标，评价一个国家综合实力。

随着改革开放以来，中国社会经济快速发展，人民生活水平快速提升。当人们解决温饱问题后，会更多地追求幸福感。人们对"幸福生活"不仅限于物质上的满足，还重视精神方面的获得。经济社会发展快速、居民物质生活水平不断提升的同时，也出现了贫富不均等一系列问题，有部分家庭特别是农村家庭，在医疗、养老等方面没有获得满足。因此，全面建成覆盖城乡居民的社会保障体系，最大限度地促进社会公平，不断提升城乡居民的获得感和幸福感。

第二篇 省情篇

　　河南历史悠久，是世界华人宗祖之根、华夏历史文明之源；文化灿烂，人杰地灵、名人辈出，是中国姓氏的重要发源地；资源丰富，是全国农产品主产区和重要的矿产资源大省；人口众多，是全国人口大省，劳动力资源丰富，消费市场巨大；区位优越，位居天地之中，素有"九州腹地、十省通衢"之称，是全国重要的综合交通枢纽和人流、物流、信息流中心；农业领先，是全国农业大省和粮食转化加工大省；发展较快，经济总量稳居全国第5位；潜力很大，正处于蓄势崛起、攻坚转型的关键阶段，发展活力和后劲不断增强。

第四章　河南城乡发展概况

第一节　国民经济概况

近年来，顺应改革开放的时代发展潮流，在自身努力发展和国家政策帮扶下，河南省国民经济和社会发展等各方面都取得了长足进步。

一、基本概况

河南省统计局发布 2021 年全省经济运行情况，根据地区生产总值统一核算结果，2021 年全省地区生产总值 58 887.41 亿元，仍然位居全国第 5 位，按不变价格计算，同比增长 6.3%。其中，第一、二、三产业增加值同比分别增长 6.4%、4.1%、8.1%，均低于全国第一、二、三产业增加值同比增长 7.1%、8.2% 和 8.2%。三次产业结构为 9.5%、41.3%、49.1%，与全国三次产业结构 7.3%、39.4% 和 53.3% 略有不同。全年人均地区生产总值 59 410 元，远低于全国全年人均国内生产总值 80 976 元。

二、生产方面

（一）农业生产

河南省作为全国重要的农业大省、粮食大省，2021 年粮食生产受洪涝灾害影响虽有所减产，但总产量仍居全国第 2 位，达 1 308.84 亿千克，已连续 5 年稳定在 1 300 亿千克以上，其中小麦产量稳定在 700 亿千克以上。全省耕地面积稳定，居全国第 3 位；粮食播种面积稳定，居全国第 2 位。

河南作为全国重要的畜产品生产、加工和供应大省。截至 2021 年年底，河南省生猪存栏 4 392 万头，居全国第 1 位；全省外调生猪及猪肉折合生猪 2 758 万头，同比增长 58.8%，外调量居全国第 1 位。近年来，河南省畜牧生产规模不断扩大，生猪、肉牛、奶牛、家禽、肉羊五大优势产业发展迅速，肉类、禽蛋、奶类产量稳居全国前列。

（二）工业生产

河南作为工业大省，在中国制造业区域协调发展中具有重要地位。2021 年，河南省规模以上工业增加值超过 1.8 万亿元，总量稳居全国第 5 位。拥有

41 个工业行业大类中的 40 个、207 个中类中的 197 个，装备制造、绿色食品、电子信息等产业集群位居全国前列，尼龙新材料、智能传感器、新能源客车等一大批特色优势产业链在全国具有较大影响力。多数省辖市发展较快，13 个省辖市规模以上工业增速高于全省，其中三门峡、南阳、郑州、濮阳等 4 个省辖市已实现两位数增长。

河南省是全国重要的区域性综合能源基地，也是全国重要的能源生产大省和消费大省。近年来，深入贯彻落实"四个革命、一个合作"能源安全新战略，坚持节能优先、内源优化、外引多元、创新引领，稳定能源供应保障，推进能源结构调整，深化体制机制改革，提升综合服务水平。2021 年年末，全省发电装机容量 11 113.69 万千瓦，比 2020 年末增长 9.3%。2021 年规模以上工业发电量 2 813.13 亿千瓦时，比 2020 年下降 0.2%。其中，清洁可再生电力（水电、风电、光电）发电量 365.84 亿千瓦时，增长 18.5%，占规模以上工业发电量 13.0%。

（三）服务业方面

河南省统筹推进服务业重点产业发展、重大工程建设和重要领域改革，促进生产性服务业向专业化和价值链高端延伸、生活性服务业向高品质和多样化升级、先进制造业和现代服务业深度融合，服务产品供给水平显著提升。2021 年全省服务业增加值同比增长 8.1%，增速分别高于生产总值、第二产业增加值 1.8、4.0 个百分点。2021 年全省货物运输量、周转量分别增长 16.2%、20.1%；邮政、电信业务总量分别增长 28.2%、33.8%。12 月末，全省金融机构人民币存、贷款余额分别增长 7.8%、10.5%。

三、需求方面

（一）固定资产投资

河南省强化"项目为王"的鲜明导向，滚动开展"三个一批"活动，固定资产投资稳步恢复，2021 年全省固定资产投资同比增长 4.5%。工业投资快速增长，2021 年全省工业投资增长 11.7%，高于全国 0.3 个百分点，自 6 月以来整体呈加快趋势。基础设施投资及房地产开发投资小幅增长。2021 年全省新开工项目完成投资同比增长 8.0%，高于全部投资增速 3.5 个百分点。各地积极推动重大项目开工建设，周口、驻马店、开封、平顶山、焦作、信阳、商丘等 7 个省辖市新开工亿元及以上项目完成投资增速超过 20%。多数省辖市增长较快，其中漯河、鹤壁、开封、南阳、驻马店、安阳、平顶山、新乡、信阳、濮阳、三门峡、济源等 12 个省辖市实现两位数增长。

（二）消费品市场

河南省不断完善应急保供机制，全力做好市场供应，举办系列促消费活动，培育消费平台，着力搞活流通，消费市场恢复新活力。2021 全省社会消费品零售总额同比增长 8.3%，基本生活类消费较快增长。全省着力稳定市场供应，确保居民基本生活，限额以上粮油食品类、饮料类、日用品类商品零售额同比分别增长 10.6%、11.3% 和 14.3%。多数省辖市增长较快，12 个省辖市社会消费品零售总额增速高于全省，其中漯河、开封、鹤壁、三门峡、平顶山、濮阳、驻马店等 7 个省辖市实现两位数增长。

四、基础设施

（一）交通设施

河南交通区位优势明显，是全国承东启西、连南贯北的重要交通枢纽，全国"十纵十横"综合运输大通道中有 5 个通道途经河南。"米"字形高速铁路网大格局基本形成，高速公路建设和普通干线公路、千米公路、内河航道升级改造持续加快，路网通达能力和技术等级明显提升。2021 年全省公路水路基础设施累计完成投资 1 169 亿元，首次突破 1 000 亿元，同比增长 73.1%，规模和增速均居全国前列。

（二）通信设施

河南省公用电信网在中国具有重要的战略地位，国家骨干公用电信网"八纵八横"有"三纵三横"途经河南，加上南北、东西两条架空光缆干线从河南穿过，构成"四纵四横"的信息高速公路基本框架。2021 年全省网民规模达到 9 082.5 万人，手机网民达到 9 000.7 万人。互联网用户多项指标均居于全国前列，互联网用户达到 1.26 亿户，居全国第 4 位，普及率为 91.9%；移动互联网用户总数达到 9 136.6 万户，居全国第 3 位；即时通信、网络视频、网上支付应用广泛普及，用户渗透率分别达到 99.4%、93.0% 和 91.3%。

近些年来，河南省乡镇和村等基层公共设施建设也取得了显著成效，但城乡之间基础设施建设仍然存在差异。

第二节　社会发展概况

河南省持续深化各项改革，全面践行新发展理念，积极推进城市群建设和稳步推进乡村产业发展，持续强化城市和乡村基础设施及公共服务建设，促进城市高质量发展和乡村振兴，不断提高城乡居民的生活质量。

一、人均收支与就业

近年来，河南省城镇居民收入不断增加，消费水平持续提高。2021 年全省居民人均可支配收入 26 811 元，比 2020 年增长 8.1％，比全年全国居民人均可支配收入少了 8 317 元。全省城镇居民人均可支配收入 37 095 元，增长 6.7％，比全国城镇居民少了 10 317 元。全省农村居民人均可支配收入 17 533 元，增长 8.8％，高于城镇居民的增长率，仅比全国农村居民人均可支配收入少了 1 398 元。全省城乡居民人均可支配收入比值为 2.12，比 2020 年缩小 0.04，相比全国城乡居民人均可支配收入比值 2.5，缩小 0.38。

全省居民人均消费支出 18 391 元，比 2020 年增长 13.9％，比全国居民人均消费支出少了 5 709 元。全省城镇居民人均消费支出 23 178 元，增长 12.3％，比全国城镇居民人均消费支出低了 7 129 元；农村居民人均消费支出 14 073 元，增长 15.3％，比全国农村居民人均消费支出低了 1 843 元。

随着就业政策和服务体系日趋完善，就业渠道趋于多元，就业形式日益多样，就业规模持续扩大。10 年来，全省累计城镇新增就业人数 1 389 万人，年均人数 130 万人以上，约占全国 1/10；累计新增农村劳动力转移就业人数 669 万人，年均人数 60 万人以上。

二、社会保障

近年来，河南省逐步建立了统一的城乡居民基本养老保险制度，大力实施全民参保计划，聚焦农民工、灵活就业人员、新业态从业人员等重点群体，构建“全民社保”。2021 年年末全省参加城镇职工基本养老保险人数 2 377.50 万人，参加城镇职工基本医疗保险人数 1 342.22 万人，参加失业保险人数 1 004.94 万人，参加工伤保险人数 1 045.44 万人。全省发放城市居民最低生活保障金 14.58 亿元，年末共保障城市低保人员 35.78 万人；全年发放农村最低生活保障金 70.96 亿元，年末共保障农村低保人员 289.13 万人。

河南省已解决了大部分中原大地遗留的历史性问题，全省 718.6 万农村贫困人口全部脱贫，9 536 个贫困村全部出列，53 个贫困县全部摘帽，其中最突出的成绩是 25.97 万人易地扶贫搬迁新居，生活质量明显提高。

三、教育发展

河南省坚持把教育摆在优先发展的战略位置，把“创新驱动、科教兴省、人才强省”战略列为“十大战略”之首。2021 年全省基础教育年投入总量达 1 927 亿元，较 10 年前增长 149％。先后实施三期学前教育行动计划，全省幼儿园数达到 2.44 万所，学前教育毛入园率达到 90.8％，高于全国 2.7 个百分点。持续实施扩充城镇义务教育资源计划、义务教育薄弱环节改善与能力提升工程，全省共有义务教育阶段学校 2.22 万所，九年义务教育巩固率达到

96.1％，高于全国 0.7 个百分点，全省 158 个县（市、区）全部实现义务教育基本均衡。

　　河南省连续实施普通高中改造计划和教育基础薄弱县普通高中建设项目，普通高中办学条件显著改善。2021 年，河南省高中阶段毛入学率达到 92.5％，高于全国 1.1 个百分点，现已成为全国公认的高校优质生源省份。全省高等学校 166 所，比 2020 年增加 15 所；拥有博士学位授权普通本科学校 10 所，硕士学位授权普通本科学校 19 所；博士一级学科授权点 97 个，硕士一级学科授权点 368 个。普通本专科在校生 268.64 万人，全省高等教育毛入学率 53.13％。

　　河南省实施两期特殊教育发展提升计划，适龄残疾儿童义务教育入学率达到 97.13％。建立实施 42 项学生资助政策，做到"应助尽助"，贫困家庭失学辍学儿童由"动态清零"实现"常态清零"。依法保障随迁子女平等接受义务教育，随迁子女在公办学校就读率达到 90％以上，确保让每一名孩子都享受公平有质量的教育。

四、文化建设

　　随着社会的发展进步，河南省城乡居民对文化设施活动的需求也日益增长。近年来，河南省积极推进公有制艺术表演团体、文化馆、公共图书馆、博物馆等文化场馆建设。乡镇（街道）和村（社区）等基层综合性文化服务中心加快建设。2021 年年末，河南省共有公有制艺术表演团体 161 个，文化馆 207 个，公共图书馆 169 个，博物馆 361 个。全国重点文物保护单位 420 处，省级文物保护单位 1 521 处。入选国家级非物质文化遗产名录 125 个。广播综合人口覆盖率 99.66％，电视综合人口覆盖率 99.64％。全年图书出版总印数 4.39 亿册。全年全省共接待国内外游客 79 346.6 万人次，旅游总收入 6 078.87 亿元。年末共有 A 级旅游景区 624 家，其中 4A 级以上旅游景区 218 家。

五、卫生健康

　　在医疗卫生方面，河南省公共卫生体系建设取得重大进展，服务能力显著提高，卫生资源总量明显增加，医院数量、卫生技术人员都有显著增加。城乡人民的卫生保障水平有了显著提高。城市社区卫生快速发展，医疗服务管理能力较强，医疗服务质量和水平进一步提高，人才培养、医学科研和学科建设成效明显，对各类传染病的流行和公共卫生事件的应对能力增强。乡村卫生院的改造、标准化卫生室的建设以及新型农村合作医疗，农村医疗救助覆盖面扩大，对困难群体因大病住院进行医疗救助，农村居民医疗费用负担减轻，看病难、吃药贵和因病致贫、因病返贫问题有所缓解。2021年年末，全省共有卫生机构77 878个，其中医院2 392个，卫生机构床位71.68万张，全年总诊疗人次6.18亿人次，总出院人数1 910.37万人。

六、环境方面

近年来，河南实施绿色低碳转型战略，深入打好污染防治攻坚战，生态环境质量持续改善。2021年河南省空气质量八项指标持续向好，平均优良天数256天，多于国家目标30天，15个县（市）PM2.5浓度达国家空气质量二级标准。水环境质量持续向好，城市集中式饮水水源地取水水质达标率100%。土壤环境保持总体稳定，农用地土壤环境保持良好。全省受污染耕地安全利用率达到100%，重点建设用地安全利用得到有效保障；主要污染物总量减排目标任务超额完成。

2021年，河南省城市建成区绿地率达到37%、绿化覆盖率达到42%、人均公园绿地面积达到14米^2、城市公园绿地服务半径覆盖率达到83%。河南省农村自来水普及率、卫生厕所普及率、太阳能热水器面积、"厕改工作"良好，农村环境改善，都有明显的成绩。但由于环保体制不健全和环保意识薄弱，仍存在重建设轻维护的情况，农村生态环境保护仍需加强。

近年来，河南省积极推进城市群建设，郑州大都市区空间规划以及郑许、郑新一体化发展规划，城市群综合竞争力有所增强，但城镇化建设与全国平均水平还具有一定差距。2021年河南省常住人口城镇化率为56.45%，比全国常住人口城镇化率低8.08%。河南省积极推进脱贫攻坚和乡村振兴，经济有了一定发展，但仍存在城乡产业融合度低、城乡人才要素单向流动、城乡文化互动不足和城乡生态环境差异明显等问题。

▶ 第三篇　发 展 篇

　　《中华人民共和国国民经济和社会发展第十四个五年规划和2035年远景目标纲要》明确提出："健全城乡融合发展体制机制。建立健全城乡要素平等交换、双向流动政策体系，促进要素更多向乡村流动，增强农业农村发展活力。"中国是人口数量众多和地域辽阔的发展中国家，提出"城乡融合发展"是实现高质量发展，实现全面建设社会主义现代化国家的必然要求，这是为了从根本上解决不充分不均衡发展问题。通过城乡融合发展，努力缩小城乡地区收入差距，实现全国性均衡发展和共同富裕。本书认为实现城乡融合发展主要表现在六个方面，分别是城乡经济结构协调化、城乡文化教育同步化、城乡区域空间融合化、城乡生态环境共生化、城乡居民生活质量均等化、城乡居民主观幸福共享化。

第五章 城乡经济结构协调化

国内学者对于城乡统筹协调发展的研究多，单位以经济为方向且将城乡统筹协调发展研究更具体化的文献较少。本章将从这一角度，通过采用《河南省统计年鉴》的数据，对城乡统筹协调发展及其影响因素进行研究，从而支撑对河南城乡经济协调发展的分析，是对已有文献的重要完善和补充。

第一节 城乡协调发展理论溯源

一、概念阐述

城乡协调发展是指在发展过程中，由城乡变化的幅度不同而有所差异，这种差异是在一定的合理的范围之内。在此范围内，城市和乡村都得到了发展，并且在经济、政治、文化建设的各个环节和方面进行交融互补，共同发展。城乡统筹协调是要把挖掘农业自身潜力与工业反哺农业结合起来，把扩大农村就业与引导农村富余劳动力有序转移结合起来，把建设社会主义新农村与稳步推进城镇化结合起来，加快建立健全以工促农、以城带乡的政策体系和体制机制，形成城乡良性互动的发展格局。

二、理论梳理

协调理论起源于协同理论，最早由德国哈肯教授于 20 世纪 70 年代初开始研究。到 20 世纪 80 年代，协同理论有了新的发展。迈克尔·波特等首次提出价值链的概念，运用价值链概念来解释协同，更加关注内部管理对价值创造的影响。而国内对协同理论的了解开始于 20 世纪 80 年代初期，最早对协同理论进行研究的是王雨田教授。

吴殿廷（2007）提出城乡协调发展实质是城乡系统整体利益极大化与内部公平的统一；强调从效率和公平角度看待城乡协调发展的观点。翟建宏（2008）以新乡市为依照，提出河南省统筹城乡协调发展应以现代农业为立足点稳定农业基础，以二、三产业为支撑点解决农民就业的观点，并指出这是破解城乡二元结构的必由之路。阮云婷（2017）提出城乡协调发展是城市与乡村在动态发展过程中实现协调、和谐、可持续的发展，将城乡视为一个系统的看法，并以此得出区域之间的协调发展是城乡协调发展的前提；经济增长与城乡协调度呈正相关关系；政府政策导向在促进城乡协调中发挥着重要作用的结论。涂圣伟（2020）提出要促进城乡融合发展，应以实现人的自由迁徙与社会融合、工农部门效率收敛、要素市场化配置为基本导向，畅通城乡人口双向迁徙、资源要素双向流动、人与自然和谐共生的循环。龚勤林（2020）提出将乡村振兴和工农城乡耦合协调发展纳入到一个分析框架，分为工农、城乡两个子系统，从多个维度对工农城乡的耦合协调发展进行分析和解读。

三、现实需要

党的十九大报告提出中国社会主要矛盾已经转变为人民日益增长的美好生活需要和不平衡不充分的发展之间的矛盾。报告中将实施区域协调发展战略作为新时代国家重大战略之一。党的二十大报告提出着力推进城乡融合和区域协调发展，推动经济实现质的有效提升和量的合理增长。

在此次城乡统筹协调发展研究中，以河南省 18 个市（包含 17 个地级市和济源市，其中济源市是河南省唯一的省直辖县级市，但是又不同于其他省直管县级市，很多机构与地级市保持一致，故将济源和其他 17 个地级市一起进行研究。）为研究范围，选取了人均可支配收入、人均消费支出、就业人员数（万人）、人均医疗保健支出、人均交通和通讯支出、人均教育文化娱乐服务支出和恩格尔系数等 7 个指标，从经济方面入手探究城乡统筹协调发展的差异，分析出对其影响权重最大的因素，并给出相应的观点和建议。

综上所述，本章将在已有研究基础上，采用计量模型进行深入分析。

第二节　河南省城乡经济协调发展分析

一、评价方法

（一）评价体系

城乡协调发展评价体系是由相互联系、相互独立、可以量化的一组指标因子组成的有机整体，是以城乡关系协调发展为目标，能够反映城乡之间的关系程度及发展水平的指标集合。评价指标设计可以全面准确地显示出城乡协调发展状态，遵循原则有：全面性、准确性、可比性、数据可得性。

本章依据城乡协调发展的内在机理并参考相关文献，根据上述指标体系的设计原则，对众多相关指标进行选择，最终选取城乡经济协调综合评价体系共有 7 个单项考核指标，是人均可支配收入、人均消费性支出、恩格尔系数、人均交通通信支出、教育文化娱乐支出、人均医疗保健支出、城市和乡村就业人员数量。

（二）数据处理

本章研究的数据形式是一个跨越 5 年时期并涵盖了河南省 18 个市城乡区域的面板型数据。适用于单一评价主体的多个时期，本章涉及城市和乡村两部分的数据。数据选自 2016 年和 2021 年《河南统计年鉴》《中国统计年鉴》、河南省各地市的《人口统计公报》。

某些评价指标对城乡协调发展综合水平影响是正向的，有些是逆向的。正向指标值越大，说明城乡协调发展水平高；逆向指标值越小，说明城乡协调发展水平低，所以在分析前，要先对逆向指标取倒数进行正向化处理。因为选取指标度量单位存在差异，所以还要对所有数据进行标准化的无量纲化处理，本章需采用极差标准化消除数据的量纲差异。表 5-1 表示城乡经济协调发展评价体系中指标的量纲差距和指标性质。

表 5-1　河南省城乡经济协调发展评价体系的指标

准则层	指标层	单位	指标性质
	人均可支配收入（j_1）	元	正
	人均消费支出（j_2）	元	正
	就业人员数量（j_3）	万人	正
城市经济水平 （C_1）	人均医疗保健支出（j_4）	元/人	正
	人均交通和通讯支出（j_5）	元/人	正
	人均教育文化娱乐服务支出（j_6）	元/人	正
	恩格尔系数（j_7）		负
	人均可支配收入（j_1）	元	正
	人均消费支出（j_2）	元	正
	就业人员数量（j_3）	万人	正
乡村经济水平 （C_2）	人均医疗保健支出（j_4）	元/人	正
	人均交通和通讯支出（j_5）	元/人	正
	人均教育文化娱乐服务支出（j_6）	元/人	正
	恩格尔系数（j_7）		负

（河南省城乡经济协调发展水平为准则层最左列汇总项）

（三）测度公式

国内学者对城乡协调发展程度的测度方法，主要有两类：第一类是主观赋权法，以层次分析法为代表，但研究者个人主观因素会较大程度影响测度结果的客观性；第二类是客观赋权法，以熵值法或因子分析法为代表，虽克服了主观性缺陷，但更适合于单一时间点面板数据，不适合时间序列数据分析。本章分别选取了 2015 年和 2020 年两年时间点的面板数据，采用熵值法和耦合协调度模型对城乡经济协调发展水平定量测度，是可以客观科学显示出横截面数据的变化趋势。熵值法则是可以判断某个指标离散程度的数学方法。首先利用熵值计算差异系数，然后通过差异系数来判断指标的离散程度。如果离散程度越大，即表示该指标对综合评价的影响越大。耦合协调是可以分析事物的耦合协调发展水平的数学方法。其计算出的模型数值越大，表示耦合协调发展水平越高。

本章首先采用熵值法计算城乡经济协调发展评价指标的权重，判断指标对协调发展水平影响的程度；然后利用耦合协调度计算 2015 年和 2020 年度河南省 18 个市城乡经济协调发展状况，从而探究各地市城乡经济协调发展差异状况及演化路径。

(四) 计算公式

由于各指标的范围、单位及指标的效益（正向指标）、成本（负向指标）属性等方面有所不同，故首先应对原始数据进行标准化处理。

$$\begin{cases} x_{ij} = (x_{ij} - x_{j\min})/(x_{j\max} - x_{j\min}) & \text{效益型} \\ x_{ij} = (x_{\max} - x_{ij})/(x_{j\max} - x_{j\min}) & \text{成本型} \end{cases} \quad (1)$$

$$(i = 1, 2, \cdots, 18; j = 1, 2, \cdots, m)$$

公式（1）中 x_{ij} 是第 i 地市（按照《河南统计年鉴》中各地市排序，对 18 个市赋予 1～18 数值），j 代表不同指标的原始数值；$x_{j\max}$，$x_{j\min}$ 分布代表某地市第 j 项指标的最大值和最小值，y'_{ij} 为标准化处理后的数据，m 代表指标个数，此处 m 值为 7。对其进行标准化后，则可能会出现零值，为了使数据处理后对数取值有意义，文中将标准化数据整体向右平移一个单位，即 $y'_{ij} = y'_{ij} + 1$

第 i 地市第 j 项指标占该指标的比重 $\qquad p_{ij} = y_{ij} / \sum_{i=1}^{18} y_{ij}$ (2)

第 j 项指标的信息熵 $\qquad E_j = -\dfrac{\sum\limits_{i=1}^{18}(p_{ij} \times \ln p_{ij})}{\ln m}$ (3)

第 j 项指标的权重 $\qquad W_j = D_j / \sum_{i=1}^{m}(1 - E_j)$ (4)

计算第 i 地市城乡系统经济综合发展水平得分 $\qquad S_i = \sum_{i=1}^{m} W_j \times p_{ij}$

(5)

用耦合协调模型衡量各地市该年城乡经济协调发展水平 $D_{it} = \sqrt{C_{it} \times T_i}$

(6)

耦合是两个或更多的物体或体系相互影响的一种现象，最早用于物理学研究中。运用耦合协调度模型，以揭示城乡经济耦合发展状况。其中 $C_{it} = \sqrt{(S_{i1,t} \times S_{i2,t})/\left(\dfrac{S_{i1,t}+S_{i2,t}}{2}\right)\hat{\ }2}$、$T_i = \alpha \times S_{i1,t} + \beta \times S_{i2,t}$ 分别表示城乡系统的耦合度与综合协调指数；$t = 2\,015$，$2\,020$；$S_{i1,t}$、$S_{i2,t}$ 分别表示 i 地市在 t 年的城乡系统得分；根据已有文献和实际情况，本文认为城市和乡村处于同等重要程度，取 $\alpha = \beta = 0.5$。

$0 \leqslant D_{it} \leqslant 1$，$D_{it}$ 越小越趋近于 0，表示 i 地市在某年的城乡耦合协调度越低，即为协调发展程度越低。结合本文研究重点，将 D_{it} 值从小到大进行分类，根据文献分析和实际情况，将城乡耦合协调发展程度划分为 6 个等级：高度失调、中度失调、濒临失调、初级协调、中级协调、良好协调，详见表 5-2。

表 5-2　城乡经济耦合协调度等级划分及其含义

协调等级	耦合协调度	含义
1	[0.21，0.22)	高度失调
2	[0.22，0.23)	中度失调
3	[0.23，0.24)	濒临失调
4	[0.24，0.25)	初级协调
5	[0.25，0.26)	中级协调
6	[0.26，0.27)	良好协调

二、实证分析

根据公式（1）~（6），将河南省 2015 年和 2020 年 18 个市城市和乡村城乡经济综合发展水平各自得分 S_{it} 和城乡经济耦合协调水平 D_{it}，详见表 5-3。

表 5-3　2015 年、2020 年城乡经济综合发展水平及城乡经济耦合协调度

	2015 年			2020 年		
	城镇经济发展水平 S_1	农村经济发展水平 S_2	城乡耦合协调水平 D	城镇经济发展水平 S_1	农村经济发展水平 S_2	城乡耦合协调水平 D
郑州	0.068	0.072	0.265	0.068	0.073	0.266
三门峡	0.059	0.055	0.239	0.063	0.056	0.244
南阳	0.069	0.059	0.253	0.068	0.054	0.246
洛阳	0.053	0.048	0.224	0.052	0.054	0.230

（续）

	2015 年			2020 年		
	城镇经济发展 水平 S_1	农村经济发展 水平 S_2	城乡耦合协调 水平 D	城镇经济发展 水平 S_1	农村经济发展 水平 S_2	城乡耦合协调 水平 D
济源	0.051	0.054	0.229	0.054	0.054	0.232
平顶山	0.053	0.057	0.234	0.050	0.056	0.230
开封	0.056	0.056	0.236	0.058	0.058	0.241
焦作	0.057	0.062	0.244	0.057	0.062	0.244
新乡	0.049	0.051	0.224	0.047	0.048	0.219
许昌	0.056	0.058	0.239	0.057	0.065	0.247
鹤壁	0.057	0.049	0.230	0.056	0.055	0.236
漯河	0.054	0.057	0.235	0.061	0.059	0.245
安阳	0.058	0.054	0.237	0.053	0.054	0.230
濮阳	0.049	0.051	0.224	0.055	0.051	0.230
驻马店	0.042	0.054	0.219	0.048	0.048	0.218
周口	0.050	0.048	0.221	0.050	0.049	0.223
商丘	0.054	0.054	0.232	0.059	0.050	0.233
信阳	0.063	0.061	0.250	0.044	0.055	0.222

（一）城乡经济协调发展呈现出以郑州为核心辐射递减趋势

通过静态比较分析，发现河南省 18 个市城乡协调发展水平总体偏低，空间演化呈现出以郑州为最高核心点，向四周辐射状逐步降低的趋势。2015 年 14 个地市处于失调状况，其中 8 个处于濒临失调程度、5 个中度失调、1 个高度失调；2020 年 11 个地市处于失调状况，其中有 7 个地市处于濒临失调程度、2 个中度失调、2 个高度失调。耦合调度的对比表明了河南省各地市 2020 年比 2015 年城乡经济协调发展水平略微提升，但总体来说，全省城市和乡村经济相互促进效度较低。

（二）城乡经济协调发展演变存在地域差异

从协调等级看，临近郑州市的三门峡、洛阳等 7 个地市城乡经济协调发展水平 2020 年比 2015 年有所提升。郑州、平顶山等 8 个地市在 2015 年、2020 年并未发生变化。南阳、信阳、新乡三个地市城乡经济协调发展水平略微下降。总体来看，相比其他地区，河南省中部地区各地市城乡经济协调发展水平较高，且 2020 年比 2015 年略有提升；南部地区城乡协调经济发展水平较低，且略微下降。

（三）城乡经济协调发展与其经济发展水平非完全正相关

总体来看，郑州、三门峡等地市经济发展水平较高，其城乡经济协调发展也处于"协调"不同等级。个别地市经济发展水平较高，但其城乡经济协调发展却处于"失调"状况。根据《2021 年河南统计年鉴》数据，济源市人均GDP 在河南省 18 个市排名第 1 位，但其在 2015 年和 2020 年分别处于"中级协调"和"濒临失调"等级，因此河南省各地市城乡经济协调发展与其经济发展水平相关，但非完全正相关。

三、因素剖析

运用熵值法公式（4）计算各指标权重，表示影响河南省城乡经济发展状况各因素的作用，表 5 - 4 中指标 $j_{(1,2,3,\cdots,7)}$ 分别代表人均可支配收入、人均消费支出、就业人员数、人均医疗保健支出、人均交通和通讯支出、人均教育文化娱乐服务支出和恩格尔系数。

表 5 - 4　河南省城乡经济发展指标权重

		j_1	j_2	j_3	j_4	j_5	j_6	j_7
2015 年	城镇 W_j	0.123	0.187	0.124	0.171	0.147	0.136	0.112
	乡村 W_j	0.153	0.136	0.184	0.105	0.184	0.144	0.093
2020 年	城镇 W_j	0.120	0.132	0.131	0.129	0.180	0.200	0.108
	乡村 W_j	0.148	0.127	0.153	0.201	0.149	0.126	0.097

从表 5 - 4 可以看出，在 2015 年对城镇经济发展影响最大的指标为 j_2，即为居民人均消费支出；对农村经济发展影响最大的指标为 j_3，即为就业人员数量。在 2020 年对城镇经济发展影响最大的指标为 j_6，即为人均教育文化娱乐服务支出；对农村经济发展影响最大的指标为 j_4，即为人均医疗保健支出。

指标权重大小表示该因素对经济发展影响程度，即对城乡居民生活质量影响程度。权重越大，即表示对城乡居民生活质量影响越大。在 5 年内，对城镇经济发展影响最大的因素由人均消费支出指标演变为人均教育文化娱乐服务支出；与此同时，对农村经济发展影响最大的因素由就业人员数量指标演变为人均医疗保健支出。这表明影响城乡经济发展水平和人民生活质量的关键因素由基本需求构成指标演变成多样性需求构成指标，反映出了城乡居民生活质量呈现上升趋势。

（一）人均医疗保健支出

人均医疗保健支出是指居民用于医疗和保健的药品、用品和服务的平均每人费用支出，可以反映居民收入和生活质量水平。从表5-5可以看出，2020年与2015年对比，城镇和农村居民人均医疗保健支出总体呈现上升趋势。在城镇居民人均医疗保健支出年均增速中，15个地市增速为正值，其中增速最高前三位是许昌市32.95%、开封市20.42%、濮阳市18.62%；3个地市增速为负值，增速最低后三位分别是南阳市-3.08%、洛阳市-1.57%、济源市-0.82%。在乡村居民人均医疗保健支出年均增速中，18个市增速均为正值，其中增速最高前三位，分别是漯河市49.61%、周口市33.70%和平顶山市26.86%，增速最低后三位是鹤壁市3.53%、焦作市9.57%和信阳市11.26%。表明虽然河南省城镇居民人均医疗保健支出明显高于乡村居民，但差距在不断缩小，农村居民生活质量水平比城镇居民提升程度更为明显，城镇居民的消费意识及方式逐步向注重健康方面转变。

表5-5　2015年、2020年城市和农村居民人均医疗保健支出

	城镇（单位：元）			乡村（单位：元）		
	2015年	2020年	年均增速	2015年	2020年	年均增速
郑州	1 389.76	2 134.90	10.72%	882.25	1 664.20	17.73%
开封	1 227.36	2 480.43	20.42%	726.77	1 320.56	16.34%
洛阳	1 895.64	1 747.09	1.57%	549.57	1 108.81	20.35%
平顶山	1 220.22	1 745.18	8.60%	622.04	1 457.48	26.86%
安阳	1 112.59	1 971.00	15.43%	680.12	1 158.00	14.05%
鹤壁	1 617.59	2 518.50	11.14%	1 157.65	1 361.70	3.53%
新乡	1 374.34	2 089.00	10.40%	688.33	1 370.93	19.83%
焦作	1 428.17	1 615.45	2.62%	820.46	1 220.44	9.75%
濮阳	817.96	1 579.48	18.62%	537.81	895.81	13.31%
许昌	1 257.27	3 328.70	32.95%	765.37	1 463.80	18.25%
漯河	1 229.00	1 335.50	1.74%	472.59	1 644.90	49.61%
三门峡	1 114.00	2 098.00	17.67%	811.40	1 604.10	19.54%
南阳	1 903.73	1 610.24	-3.08%	631.14	1 113.71	15.29%
商丘	1 053.42	1 253.27	3.79%	602.90	1 192.82	19.57%
信阳	707.77	1 241.63	15.09%	573.38	896.06	11.26%
周口	932.00	1 450.64	11.13%	357.00	958.60	33.70%
驻马店	1 659.97	2 120.29	5.55%	594.60	991.00	13.33%
济源	925.00	886.95	-0.82%	711.00	1 133.21	11.88%

（二）人均教育文化娱乐支出

人均教育文化娱乐服务支出是指居民用于教育、文化和娱乐方面的平均每人费用支出，是反映地区经济发展的重要指标，也是居民生活质量的重要参数。从表5-6可以看出，2020年与2015年相比，城镇和农村居民人均教育文化娱乐服务支出均呈现上升趋势，其中城镇人均教育文化娱乐服务支出增幅较小，12个地市年均增速为正值，6个地市增速为负值，其中增速最高前三位分别是商丘市16.69%、周口市8.31%和信阳市5.46%，增速最低后三位是济源市-11.50%、许昌市-1.62%和平顶山市-1.41%。农村人均教育文化娱乐服务支出增长幅度较大，18个市年均增长均为正值，其中增速最高前三位是周口市40.81%、南阳市30.15%和平顶山市27.66%，增速最低后三位是三门峡市2.84%、郑州市6.30%和开封市6.54%。将18个市城镇和农村年均增速对比，除了三门峡和周口市之外的16个地市增速都高于城镇。表明虽然河南省各地市城镇居民人均教育文化娱乐服务支出明显高于农村居民，但两者之间差距在逐步缩小，且农村居民生活质量水平提升速度超过城镇居民。

表5-6 2015年、2020年城市和农村居民人均教育文化娱乐服务支出

	城镇（单位：元）			乡村（单位：元）		
	2015年	2020年	年均增速	2015年	2020年	年均增速
郑州	2 048.32	2 377.00	3.21%	976.62	1 284.39	6.30%
开封	1 887.43	2 132.05	2.59%	887.52	1 177.86	6.54%
洛阳	2 717.74	2 622.63	-0.70%	789.31	1 170.58	9.66%
平顶山	1 851.43	1 721.32	-1.41%	450.77	1 074.12	27.66%
安阳	1 637.94	1 751.00	1.38%	563.57	1 189.00	22.19%
鹤壁	1 464.33	1 369.00	-1.30%	857.60	1 198.00	7.94%
新乡	2 062.65	2 586.06	5.08%	788.30	1 305.37	13.12%
焦作	1 943.16	2 434.00	5.05%	859.85	1 499.04	14.87%
濮阳	1 843.82	1 713.59	-1.41%	656.39	1 009.56	10.76%
许昌	2 239.94	2 058.90	-1.62%	748.09	1 699.30	25.43%
漯河	2 159.00	2 710.10	5.11%	497.57	929.60	17.37%
三门峡	1 935.00	2 342.40	4.21%	1 106.00	1 263.30	2.84%
南阳	1 947.51	1 979.51	0.33%	441.00	1 105.86	30.15%
商丘	1 279.07	2 346.18	16.69%	543.44	905.43	13.32%

（续）

	城镇（单位：元）			乡村（单位：元）		
	2015 年	2020 年	年均增速	2015 年	2020 年	年均增速
信阳	1 111.96	1 415.71	5.46%	607.21	1 267.95	21.76%
周口	1 335.00	1 889.40	8.31%	338.00	1 027.74	40.81%
驻马店	1 791.52	2 257.36	5.20%	724.15	1 151.54	11.80%
济源	3 072.00	1 305.56	−11.50%	825.00	1 123.99	7.25%

（数据选自《河南统计年鉴 2015，2021》与《中国统计年鉴 2015，2021》，年均增速未考虑物价指数等因素）。

第三节　城乡经济协调发展策略

根据前文对河南省 18 个市城乡经济协调发展空间演化特征及影响因素研究，本节将分析河南省城乡经济协调发展现状并提出发展策略。

一、发展现状

（一）工农产业发展存在差距

改革开放以来，中国工业发展迅速，工业化水平不断提高。从 2012 年到 2022 年，河南省规模以上工业增加值从 1.54 万亿元增长到 1.8 万亿元，总量稳居全国第 5 位、中西部第 1 位。产业体系不断健全、产业链逐步完整，整体实力、质量效益显著提升，正在实现从"制造大省"向"制造强省"的跨越。作为"中原粮仓"，河南省持续深化农业供给侧结构性改革，推动农业农村发展不断迈上新台阶。粮食总产连续 5 年稳定在 650 亿千克以上，用 1/16 的全国耕地，种植出全国 1/10 的粮食、1/4 的小麦。每年还调出原粮及其制成品 300 亿千克左右，是全国 5 个粮食净调出省份之一。面对坚决扛稳粮食安全重任，建成新时代全国粮食生产核心区的重任，河南省农业发展仍然存在一些亟待解决的问题。

1. 现代化农业人才缺失较多。近年来，进城务工浪潮逐渐升温，大量农业剩余青壮年劳动力涌入城市从事非农业的工作，农民"老龄化"、农村"空心化"趋势加剧，留下的农民年龄偏大，主要依靠着自身已有经验种植农产品，但缺乏科学的专业培训，导致难以承担现代化农业生产重任，造成农业生产水平持续低下；另一方面高水平科技人才流失也较为严重，特别是农业基层单位，导致现代化农业生产缺乏具有科技人才的支撑。

2. 农村土地流转制度仍需完善。农业土地流转是指农村土地的经营权在不同的经济主体之间流转。目前，河南省农村参与土地流转规模不断扩大，增长速度逐步提升，但整体上水平较为低下，问题比较突出。其一，农民和村委会干部之间存在"委托—代理悖论"，这是因为有的村干部过多行使了土地所有权职能，农民难以享有土地集体所有权权益；其二，还存在土地流转市场发育不成熟，土地流转方式较为单调，机制不完善等问题。

3. 农业产业化水平较低。根据农民日报社发布的"2021（第五届）中国农业企业 500 强名单"中，有 86 家来自山东省，55 家来自黑龙江省，仅有 18 家来自河南省。这表明河南省农业企业发展形成了初步规模，建成了一系列具有代表性的龙头企业。由于河南省大多数农作物生产方式主要是农户个体种植，造成了一定的局限，一是导致农业产业化水平较低，产品质量也参差不齐，没有形成规模化的产业集聚区；二是缺乏区域特色农产品品牌。由于品牌意识薄弱，资金和技术等因素影响，很多质量上乘的农产品还未形成区域性农产品品牌。除了"思念食品""信阳毛尖""好想你枣业"等，国内外消费者对河南省农产品认知较为浅显；三是农业社会化服务水平有待提高。农业社会化服务是建设现代化农业的重要基础，通过激活农村家庭生产经营过程中的各类要素，从而推动农业现代化发展。而现阶段，由于河南省农村基础设施建设滞后、服务手段较为简陋，与不断增长的新型农业社会化公共服务需求存在矛盾，导致农业社会化服务的总体水平较低。

（二）城乡居民收入与消费存在差距

从上述分析可知，河南省城乡居民人均医疗保健支出和人均教育文化娱乐支出都表现出较为明显差距，但差距在不断缩小，消费观念也在发生变化。2021 年河南省城镇居民人均可支配收入为 37 095 元，农村居民人均可支配收入为 17 533 元，城乡居民之间比值仍为 2.12。城镇居民人均消费支出为 23 178元，农村居民人均消费支出为 14 073 元，城乡居民之间比值为 1.65。食品消费方面，城镇居民更注重食品的营养和科学饮食。在衣着消费方面，农村居民由于受收入水平、消费观念等因素的影响，购买的服饰，往往仅限于基本需求。在交通和通讯消费方面，农村居民消费的重点是外出务工、串亲访友，而城镇居民消费的重点则是旅游、移动通信等。在医疗保健消费方面，城镇居民对身体健康的关注程度普遍较高，求医就诊需求层次日益提升，体检、健身周期缩短。但是，由于农村医疗保险体制的不够完善，农村居民对自身健康的关注程度不是很高。

（三）城乡基础教育发展存在差距

中国教育发展存在起点低、基数大、需求大等特点，教育资源便成为有限的稀缺性公共资源，各方为此展开了激烈的争夺。城乡、地区、性别等方面教育机会差异是不同主体对教育资源占有的结果。其中，城乡之间的差距更为突出，直接影响到社会公平，对城乡协调发展也存在较大的影响。2021 年，国务院教育督导委员会对全国 2 895 个县义务教育开展评估认定，结果显示，全国小学校际综合差异系数降至 0.435、初中校际综合差异系数降至 0.319，县域内义务教育学校基本办学条件的校际差距、城乡差距在不断缩小。城乡义务教育已实现"基本均衡"，向"优质均衡"迈进。然而，"城挤乡弱""乡村空、城市挤""城镇普通中小学大班额，农村学校小规模"矛盾仍然存在。根据教育部《全国教育事业发展统计公报》，2020 年城市小学增加 746 所，农村小学减少 2 915 所；城市小学招生同比增长 1.8%，农村小学招生同比下降 6.6%；城市初中招生同比增长 3.4%，农村初中招生同比下降 2.8%。

1. 教育财政投入不均。 一所学校综合实力要经历一个漫长积累的过程，需要教学硬件设施、教师软件水平等不断增加和提升，从而推动教学质量和效果的攀升。长期以来教育经费投入向城镇倾斜，农村学校由于长期以来教育经费投入不够，使得农村学校教学设施与城市学校之间仍存在着不小的差距。近年来，国家已经在财政投入方面向农村学校倾斜，逐步缩小城乡义务教育之间的差异。

2. 优质师生资源流失。 根据教育部《乡村教师支持计划（2015—2020年）》要求，国家不断提高乡村教师生活待遇，逐步统一城乡教职工编制标准，职称（职务）评聘开始向农村学校倾斜。现阶段，农村任教教师待遇出现了明显提升，但仍然存在高学历教师的流失，年轻教师也期望前往城市就业；此外，很多适龄儿童也出现不断流失的现象。

3. 学生学习动力不足。 首先青壮年农民大多数都在外务工，或者由于本身受教育水平，很难为"留守儿童"或"随迁子女"提供培养成长和多元教育的机会。其次，农村学生从原生家庭以及农村小学的低竞争性氛围，获得的学习动力不足。再者，农村的社会环境也会导致学生自身缺乏学习动力。

（四）城乡基础设施建设存在差异

随着乡村振兴战略推进，各级政府推行"乡村建设"，力促农村农业发展，为城乡经济协调发展奠定基础。然而，在城乡基础设施建设进程中，仍存在较大差异。

1. 城乡交通通讯设施差异。 城市根据人口密集、城市边际范围等，已经建成环绕便利的公交线路，以及提供出租车、共享单车等多种交通出行方式选择。但在农村，长、短途客车具有时间限制，且因较为偏远，致使很少出现出租车和共享单车等交通工具。大多数农村虽已实现通话通网，但因消费观念及收入等差距，看电视仍是农户主要娱乐方式，使用智能设备从事工作和生活的人数明显少于城市，且相对偏远贫困地区仍面临基础通讯建设的问题。

2. 城乡供水和能源设施差异。 因为供水资金等支持力度不够、配套设施不够完善、渠道单一等原因，导致部分农村供水存在诸多困难。与城市完善的电能线路相比，农村存在线路老化、电力不稳定等隐患，居民消费电能水平也低于城市。城市居民取暖已基本实现利用天然气等清洁能源，而很多农村没有安装天然气管道，仅依靠太阳灶或沼气池取暖，能源利用率较低，甚至在发展缓慢及偏远村落，取暖还在使用秸秆、木柴等传统农作物。

3. 城乡环保基础设施差异。 随着城市环境保护和治理全面开展，为了降低成本，很多有污染问题的企业向农村地区搬迁，导致农村污染加剧。与城市相比，农村环保基础设施资金投入及发展水平仍较为滞后，农村生活垃圾处理存在分类难、收运难、处理难等问题，农村生活污水处理存在收集难、进水浓度低、处理成本高、改厕后污水量加大等问题，影响了农村生态环境的质量。

二、对策建议

结合上述分析，对推动城乡经济协调发展，缩小区域发展差距，提出以下对策与建议：

（一）提升郑州市首位度，打造高质量发展区域增长极

从静态对比分析来看，河南省城乡协调发展呈现出以郑州市为核心逐渐向外围地区递减的格局。作为河南省省会，郑州市要不断提升城市首位度，持续推进郑州市新型城镇化建设，加快转变特大城市发展方式，提升城市综合承载力，加快建设以郑州为核心的大都市圈，建立区域战略统筹机制，深化中原城市群一体化发展，将郑州市打造成为河南省高质量发展区域增长极。郑州大都市圈包括郑州、开封、新乡、焦作、许昌 5 市城区，以及巩义市、尉氏县、新乡县、原阳县、武陟县、长葛市等城乡一体化示范区，覆盖了河南省面积的9.6%，集聚了河南省近 20% 人口，创造超过河南省 30% 的经济总量。

（二）协同推进两大战略，实现城乡产业融合

如果要实现城乡经济协调发展，必须要协同推进乡村振兴与新型城镇化两大战略，以产业融合互补为关键，带动城市和乡村经济的快速发展。协同推进两大战略：一是发挥城镇经济溢出效应，以城市经济辐射带动四周县域发展，以县域经济拉动农村产业发展。二是农村发挥土地、劳动力等比较优势，主动承接城镇产业有序转移，推动农村三产融合，优化产业结构。河南省很多地市经济发展水平相对滞后，需要通过提高区域整体经济水平，从而实现城乡经济协调发展，避免陷入"低水平协调陷阱"。

（三）结合实际分类施策，推动城乡协调发展

通过对河南省城乡经济协调发展格局演化及影响因素分时段探究，发现各地市所处的经济发展水平不同，影响其城乡协调发展关键因素也存在差异。对于发展较为缓慢，但具有特色资源的各地市，要转变发展思路，充分开发特色资源，积极发展特色农业，探索农村物产与城市需求衔接的长效合作模式，培育一批具有独特产业和文化定位，拥有宜居生活和生态环境的特色小镇，实现高质量城乡融合发展。

（四）抓住关键影响因素，补齐落后乡村发展短板

各地市要继续优化中小学校城乡布局，改善农村办学条件，不断缩小城乡、校际及群体之间的教育差距，实现义务教育优质均衡发展。河南省高等教育还存在大而不强、总体数量不足、区域布局有待优化等问题，省政府需继续推进科学布局、分类指导、精准施策，构建区域协调、多元特色的高等教育布局，提升服务区域发展能力。各地市要加大人才引进力度，建立健全城乡统一协调分配及管理人才机制和基层人才激励奖励机制，提高农业人才福利待遇等措施，吸引更多人才投入到乡村建设中，实现城乡人才良性互动。定期举办农业人才培训讲座，不断提升素质水平和管理能力。

各地市要以城乡经济协调发展为导向，根据城乡居民对交通通讯等基础设施的实际需求，推进乡村基础设施的标准建设，加大基础设施建设力度，扩大建设覆盖面积，为促进城乡融合发展奠定基础。各地市要立足经济发展水平、城乡居民负担能力，逐步缩小城乡差距、地区差异，继续推进将城乡居民医保制度整合并纳入医疗体制改革中，加强基本医保、大病保险、医疗救助等衔接，保障城乡居民公平享有基本医保待遇。

第六章　城乡义务教育均衡化

　　义务教育是依照法律规定对所有适龄儿童少年统一实施的具有普及性、强制性、免费性的学校教育，是提升国民素质的基础，实现社会公平的起点。研究城乡义务教育均衡发展问题，对于促进中国义务教育的优质发展，提高国民精神文明，推动中国经济稳步发展有重要意义。河南省具有多元化区域特点，处于中原地区，城乡义务教育颇具有代表性。乡村教育在教育均衡发展政策推进下已经有了比较大的改善，农村小学与邻近的县城小学尚有较大差距。建议政府继续加大力度扶持贫困地区乡村教育，调整课程使其增强对贫困乡村地区的适应性，着力优化乡村教师队伍等，不断缩小贫困地区城乡义务教育的差距，在源头上探索义务教育均衡发展的路径。

第一节　城乡义务教育概述

　　近年来，在推动义务教育全面普及的同时，党和政府积极推进义务教育的均衡发展。《关于深化教育教学改革全面提高义务教育质量的意见》（以下简称《意见》）是新中国成立以来中共中央、国务院出台的第一个关于全面提高义务教育质量的重要文件，旨在提出义务教育被视为现代国民教育体系的基石。教育部在 2010 年颁布的《国家中长期教育改革和发展规划纲要（2010—2020）》提出："重点促进义务教育均衡发展和扶持困难群体，根本措施是合理配置教育资源，向农村地区、边远贫困地区和民族地区倾斜，加快缩小教育差距"。党的十九大报告明确指出："推动城乡义务教育均衡发展，努力让每个孩子都能享有公平而有质量的教育"的指导思想，教育从"广覆盖"向"有质量"迈进。党的二十大报告指出，加快义务教育优质均衡发展和城乡一体化，优化区域教育资源配置。城乡义务教育是一个复杂的、多层次的概念，需要从不同的理论视角和不同方法进行研究。近年来，推动义务教育全面普及，但普及的效率较低，出现城乡之间发展有很大的差异。同时，影响推动城乡义务教育均衡发展存在多方面的因素，因此需要进一步研究推动城乡义务教育均衡发展。

一、现实意义

促进城乡义务教育均衡发展，弥合城乡教育差距，提高教育质量，已成为中国义务教育改革和发展的重中之重。之所以选择河南省城乡义务教育均衡发展这一问题进行研究，主要源于以下三方面的考虑：首先，义务教育是基本公共服务，具有基础性、全局性，在人类社会发展中发挥着承前启后、继往开来的积极作用。其次，纵观中国教育发展的整个历史和先进发展的各方面情况，城乡差别永远是绕不开的问题，无论是对于教育理论问题的研究，还是对于教育实践工作的分析；无论是对于教育功能实现的解释或者对于教育具体个案的理解，城乡关系永远会深深涉入其中。最后，河南省处于中原地区，兼具了各部特征，具有多元化的区域特点，如同中国的一个缩影，城乡义务教育发展颇具代表性。河南省人口众多，农民占人口的大多数；经济发展不平衡，为了能够更好地为经济社会发展服务，增强河南省的综合实力，促进中原地区崛起，推进城乡义务教育均衡发展成为河南省的一个重要任务，探讨城乡义务教育均衡发展问题，仍然是河南省未来的工作重点，是河南省义务教育在新形势下实现创新的切入点，是河南省义务教育全面、协调和可持续发展的必然要求。探讨城乡义务教育均衡发展过程，使人们对河南省城乡义务教育发展的现状、特点、趋势有一个充分地认识和把握，为避免教育资源的盲目扩大或压缩，促进教育资源的合理配置，提供科学的支持，促进河南省教育事业发展。在切实考虑实际教育方面发展不均衡状况的改善具有现实意义，而且对改善中国城乡之间在义务教育方面发展不均衡的状况提供参考和借鉴。平原地区基础教育也在国家大力扶持下获得了显著的进步，教学条件有了极大改善，但城乡发展还有较大差距，县域内义务教育均衡发展还任重而道远。廖晓珊（2015）在《强化教育督导　确保如期实现义务教育均衡发展年度目标》中指出："河南省义务教育发展整体水平还比较低，尤其是在推进均衡发展方面差距巨大，要达到国家要求，形势异常严峻。"

二、理论梳理

自 20 世纪 60 年代舒尔茨提出人力资本概念后，人们开始更加关注教育对经济、社会、个体收入等方面的影响。到 20 世纪 80 年代，在罗默与卢卡斯等构建了包含教育因素的内生增长模型后，教育对经济增长的巨大贡献被人们从理论上完全认可，关于教育均衡发展重要性也被社会各界所认可。国内学者刘宝生（2008）提出城乡义务教育均衡发展可以概括为：义务教育的软、硬件办学条件及教育经费投入实现均衡配置，注重义务教育教学质量的提升，在城乡之间初步实现教育公平。刘新成（2010）从教育公平视角界定了义务教育均衡发展的配置均衡、供需均衡和动态均衡。朱永新（2013）认为基础教育均衡发展的主要涵义是为更多的人提供更多的受教育机会；在世界上大多数国家基本普及义务教育后，基础教育均衡发展的价值取向是为所有的人提供基本的教育；在社会的经济、政治、文化进步达到一定的水平后，基础教育均衡发展的具体目标是为尽可能多的人提供尽可能好的基本的教育。李宜江（2013）提出"均衡发展城乡义务教育"是指以教育资源均衡配置与合理使用为前提，以学校优质特色发展为取向，以学生全面个性化发展为目的，弥合城乡教育差距。薛军（2017）通过对城乡义务教育均衡理念的梳理，主要从机会均等、投入均等、产出均等和受益均等四个方面对其内涵进行界定，明确提出城乡义务教育均衡发展遵循"机会均等—投入均等—产出均等—受益均等"的发展过程。苏红键（2021）指出国家要坚持多元、均衡、智慧、系统思路发展，积极促进按需供给城乡教育资源，全面推动城乡义务教育优质均衡发展，协同推进体制机制改革。

综上所述，尽管学术界在义务教育均衡方面已经取得了一系列成果，旨在对城乡义务教育均衡的影响分析中更多的是以某个指标为切入点，对义务教育进行描述，且是微观数据，即通过问卷调查、访谈得到的数据。本章以河南省某县城乡两所小学为例，探讨河南省义务教育存在的县域内不均衡问题，提出该地区农村小学发展的路径，并据此对城乡教育差距的弥合提供具有价值合理性和操作可行性的有效策略建议。

第二节 河南省城乡义务教育现状分析

一、现实对比

近年来，中国采取了很多政策使乡村义务教育办学条件得到了很大的改善，使县城学校和乡村学校之间存在的办学条件、课程差异、师资配置等方面的差距逐步缩小。但针对河南省地区县域内的教育均衡发展状况还很少有深入探究，本章于 2020 年 7 月对某市两所小学、家长及教师调查访谈，收集相关资料并分析后，发现该地区城乡小学之间还存在着较大差距。

（一）调查点相关情况

河南省属于中原地区，兼具了各部特征，具有多元化的区域特点，如同中国的一个缩影，城乡义务教育颇具有代表性。河南省人口众多，农民人口占大多数，经济发展水平不平衡，户籍壁垒深深驻扎在教育的历史长河发展过程中，也必然存在着乡村教育的短板。

A 小学是某市一所享誉豫北的中原名校，历经 60 余载历史文化的积淀和传承。A 小学与新中国共同成长，不断壮大，且拥有某市唯一的学校科技馆、畅捷的校园网、宽敞的学术报告厅、崭新的多功能教室和学生网络机房、图书馆、阅览室、形体房、食堂等，这为该校学生的德、智、体、美全面发展和教师开展课题研究等提供了较好的资源支撑。学校被定为"北师大版教材基地""苏教版教材基地"和"全国小班化试验基地"。连续多年被评为河南省"教科研先进单位"和"教学先进单位"。教育教学质量多年来稳居全市第一，素质教育硕果累累，成为某市基础教育的排头兵。目前，该校有 62 个教学班、3 000 余名学生，占地面积约 30 534 米^2，还拥有一支思想过硬、业务精湛的教育教学队伍：在编教职工 137 人中特级教师 5 人，全国优秀教师 1 人，中学高级教师 5 人，小学高级教师 83 人，国家级骨干教师 6 人，省名师 15 人，省级教育专家 3 人，省、市级骨干教师、学术技术带头人共 70 余人，市级名师 10 人。大专以上学历 126 人，其中 3 人有硕士学位。实力雄厚的师资队伍为学校取得骄人教育硕果奠定了坚实的基础。学校图书室藏书近 5 万册，生均图书近 13 册，拥有 62 套白板。

B 小学是某县某村唯一一所公办小学，现有 4 个教学班，在校生 38 人。B 小学学生来源主要是附近行政区域划分的学生。目前，该校有教职工 5 人，其中在职教师 3 人，民办教师 1 人，代课教师 1 人，无支教教师，没有图书馆、科技馆等先进教学设施。该校的教育教学本着与人文相结合的管理思想，凭借美丽的环境，获得较好评价。

（二）调查结果与分析

1. 两所学生来源。A 小学总学生人数 3 000 余人，大部分来自县城，有一部分学生属于择校生。择校生大多来自县城周围的几个镇，家庭条件较好。因为学校没有提供住宿，所以一般由外祖父母或祖父母在学校周围租房子，或是寄宿在城里的亲戚家。家长对孩子的教育非常重视，学生们也接受了良好的学前教育，有一定的知识基础，懂得遵守一些基本的规则，这也在一定程度上减轻了教师的管理压力。

B 小学总学生人数为 38 人，这些学生来自周围的行政村，距离学校较近，学校无学生宿舍。由于对学生的安全系数提高，整体上是每天放学一些学生由父母用摩托车送到学校，但也有些学生则是结伴走路到学校，部分学生接受过不完整的学前教育。原因是乡下的学校基本没有条件开办幼儿园；而且他们距离乡上学远，学生根本没有条件接受学前教育。调查得知，B 小学学生年龄很小就得离家很远来上学，难免会不适应，而且大多不懂学校规则，进校后无法与老师同学交流，与城里受过学前教育的学生比起来基础差很多，这在一定程度上加重了 B 小学教师的工作量和压力。

2. 课程设置方面的差异。通过查看两所学校的课程安排，A 小学四年级总共开设了 8 门课，课程设置完整，内容丰富多彩，且有专门的英、体、美教师。学校专设阅读课，近几年来，购买新书经费不断增加。图书室作为学校文化建设的重要部门之一，不仅扎实开展各项工作，更丰富了学生的课余生活，陶冶了他们的情操，使校园文化生活更加丰富多彩。而同样是四年级，B 小学在课程设置上就有很大的问题，远远没有 A 小学的丰富，开设了 5 门课，早上的课不是语文就是数学，学校没有音乐、美术专职教师，体育、音乐、品德与社会等课程均由班主任或主课教师同时兼任。

3. 图书资源差异。为弘扬优秀传统文化，认真落实《语文课程标准》提出的"培养学生广泛的阅读情趣，扩大阅读面，增加阅读量，为学生的持续发展和终身发展奠定文化的基础"，A 小学图书室藏书近 5 万册，生均图书近 13 册。相对比，处于农村的 B 小学则没有专门的图书室。走访得知，近几年由于学校、教师及家长重视学生读书习惯的养成，得到一些社会人士的关注，捐赠了一部分图书，家长也购买了一些图书，使学生能够获取一部分书籍，丰富了课余生活。尽管如此，但 B 小学还是没有专门的图书室，且对于图书的利用率也有差距。A 小学的学生在课间、课后、周末等大部分时间都会进行课外书阅读；因为学校周围有很多书店，大部分学生有书店的租书卡，进行课外阅读；A 小学教师也比较重视学生阅读能力的培养，会额外地布置一些阅读任务，家长也会支持学校为孩子专设的阅读课且支持购买书籍，近几年来购买新书经费不断增加。

而对于 B 小学的学生，各班只有小部分的学生会进行阅读，其余大部分学生不会主动进行阅读，学校的图书资源得不到利用。一方面学校教师不太注重学生阅读能力的培养，学生没有阅读的兴趣，不会主动去进行阅读；另一方面 B 小学学生大部分属于贫困学生，学生的大部分课余时间都要帮家长做家务，到田间劳动，没有太多时间进行阅读；同时，农村家长相对于城市家长，所受教育程度不高，对孩子的教育不够重视，不愿对孩子的教育多投入，特别是有些家长有重男轻女的思想，觉得给女孩子进行教育投入得不偿失。

4. 多媒体硬件设施差异。A 小学多媒体设备远远多于 B 小学，A 小学基本具备了每班一台多媒体设备，且大部分教师都能熟练运用多媒体进行教学。学校拥有一流的学生微机教室、教师电子备课室、科技馆、实验室等先进的教学设施，实验室购置了实验教学所需的常用仪器，包括测量、模型、标本、玻璃仪器、药品专用仪器等，所有仪器全部按照规定要求存放。实验室覆盖网络，并配备了多媒体设备。每月一次的科学实践活动不仅培养孩子的动手操作能力，更有助于创造性思维的开发。所有计算机均安装了常用的教育教学软件，配备了多媒体网络广播教学系统，能充分满足学校教育、教学和管理需要，并接入校园网，方便了各种网络教学和学习资源的访问。而 B 小学只有三、四、五年级班级有多媒体设备，详见表 6-1。由于教室条件差，有些多媒体设备还没有安装成功；而且只有青年教师和部分参加过培训的中年教师会运用多媒体设备上课，但他们由于还要费心尽力做课件等原因而大多选择上课不用多媒体设备。

表 6-1　多媒体数量比较

学校	多媒体数	班级数
A 小学	62	62
B 小学	3	4

5. 两所小学教师资源配置状况。B 小学的师生比大概为 1：8，而 A 小学的师生比是 1：21。按照国家制定的关于中小学教职工编制标准，农村小学师生比是 1：23，县城小学的师生比应为 1：21，发现 A 小学的生师比达标，而 B 小学还存在教师超编的现象。若按师班比计算，A 小学和 B 小学基本处于满编状态，详见表 6-2。

表 6-2　生师比和师班比

学校	教师	班级数	学生人数	生师比	师班比
A 小学	137	62	3 000	21.90	0.8
B 小学	5	4	38	7.60	0.45

由于县城学校各方面设施、条件、教师的教学水平比农村小学好，县城有大量的外来务工人员随迁子女就读城区学校，所以相应地学生也多；而乡下学校的情况刚好相反：一方面乡下学校的设施、条件比城里学校差，一些经济条件较好的农村家庭会把孩子送到城市学校就读；另一方面农村村寨散落，交通不便，有学生随着外出打工的父母去城市就读，农村生源流失严重。

二、差距探因

造成城乡小学教育差异的原因是多方面的，包括地理位置、社会历史、经济条件等因素，还受到学生家长观念、教师素质的影响，这些因素又相互交错，直接和间接地造成了地区城乡小学教育的差距。

（一）城乡经济条件差异

随着中国经济的持续发展，城市居民的物质生活逐步改善，生活质量逐渐提高。城市市民在保证了物质生活的基础上，在精神生活层次方面的追求也不断提高。虽然现在极力倡导精准扶贫，温饱问题得到一定程度上的缓解，在偏远地区的农民家庭中，但也不排除有些地区的温饱问题和生活物质条件部分没有得到满足，那么孩子接受高质量教育的机会及程度相对比占得比例非常小。即使现在国家出台各种学费减免、发营养餐、发补助等政策，但是孩子要从农村里出来上学，仍要担负一部分生活费，就目前来说，小学基本没有什么负担，但后续教育花费会随即提高，其中在农民家庭中有部分家长认为读书多会变懒，即使大学毕业也找不到像样的工作，所以有些家长等孩子读完小学或初中就让他们跟着父母出去打工。A 小学的家长多是在城市工作，家庭经济条件优越，把孩子教育放在较高的位置；而 B 小学的学生家中生活困难，大部分父母的学历是在初中及以下，受教育程度相对较低；基本收入就是靠在家务农，而在家务农的收入甚微，生活需求消费的比例较大，这就导致了大多中青年都选择外出打工，这样年龄小的孩子就成为"留守儿童"，由老人或是亲戚代管，而他们忙着干活赚钱，无时间和精力去顾及孩子的学习和生活，教育质量就难以保障。

（二）城乡父母对孩子接受教育的期待差异

当代的社会，有关教育理念的想法颇多，A 小学位于某市，学生家庭生活条件优越，父母的文化程度相对也较高，接受科学教育理念的途径较为广泛，这就导致了对孩子的期望值随之提升。具体来看，A 小学学生的父母更加重视孩子的成长，无论是身体、心理，都能做到无微不至的关怀，关心学生的成绩，也会通过多种途径支持孩子的教育。而 B 小学的学生家长受教育程度相对来说普遍偏低，加上家长过于重视生活需求的基本满足，对于教育方面，没有更多的干涉，觉得孩子只要能基本识字就行，更有一些偏远山区的家长思想认识落后，仍然存在"重男轻女"的陈旧思想。农村学生家长对教育方面的不重视，进一步影响了学生对待学习的态度，进一步影响了教育质量。

（三）农村小学相对城市小学师资流失严重

B 小学位于河南省某乡某村，由于地理位置相对较偏，青壮年不得不外出打工，村里人口较少，主要以老人和小孩为主，加上环境闭塞、人口流动、乡村条件艰苦、待遇较差、发展空间小等多方面的原因，教师尤其是优秀的年轻教师流动性大，有大量的年轻教师则选择离开，包括民办和代课教师，留下的不是教学水平相对差就是年纪相对大的教师。A 小学坐落在黄河之滨、太行山脚下，是历史悠久、受文化熏陶的一所现代化名校，不仅如此，还拥有一支思想过硬、业务精湛的教育教学队伍，且教师队伍稳定，待遇优厚，在进行访谈过程中，A 小学的教师对于现在的工作环境很满意，不会考虑换工作或者是换学校，大多数教师对教师职业有责任心和爱心，对工作兢兢业业；且当提到对自己以后的职业发展期望这个问题时，大多数教师表示希望成为受人爱戴的优秀教师。

（四）城乡学生素质差异导致学生管理难度不一

通过访谈的方式了解到两所学校教师的教学压力主要来自工作量大和无法适应新课程教学这两个方面。但是，乡村教师比城市教师多了一项压力来源，那就是管理问题学生。一方面，B 小学有很大一部分学生是留守儿童，父母外出打工，由于往返交通不便和车费昂贵等原因，几乎间隔半年或一年才回家，有些几年才回一次家。孩子就只能靠祖父母、外祖父母照顾，孩子的家庭教育完全缺失。这就使得学生的学习得不到很好的督促和引导，出现典型的留守儿童问题。另外，父母常年外出打工给孩子的心理造成负面影响，即"父母没有上学照样能挣钱"，所以认为学习成绩的好坏对他们来说一点影响也没有，以致出现在课堂上经常打闹、不做作业、结群打架等状况，给教师的管理造成很大的困难，加重了乡村教师的职业压力。A 学校的学生基本都会说普通话，并且所有学生都接受过学前教育。他们的父母大多在城市工作，受过良好的教育，非常重视孩子的教育，一方面家长能辅导学习；另一方面，家里经济条件好，除了正常的学校教学，还会给孩子报课后或周末辅导班、请家教辅导等，学生们爱学并且主动学，这在一定程度上减轻了 A 小学教师的压力。

第三节　城乡义务教育均衡发展对策

义务教育具有显著的基本公共服务特征，受到国家立法和公共财政的全面保障，被列入"十三五"规划基本公共服务清单。"十四五"时期，《中共中央关于制定国民经济和社会发展第十四个五年规划和 2035 年远景目标的建议》把义务教育均衡发展和城乡一体化并列往前推，意味着有条件的地方可先试先行，在城乡一体化上取得实质性进展，其他地区扎实推进、均衡发展乃至优质均衡发展。推动义务教育均衡发展和城乡一体化，依据义务教育法，必须确保国务院和县级以上地方人民政府负起实施主体责任，合理配置公共教育资源，改善薄弱学校办学条件，缩小校际办学条件差距，继续保障农村地区、少数民族地区以及经济困难家庭和残疾适龄儿童按规定接受义务教育。许多地区在省域内全面巩固义务教育公办校标准化建设，在县域内强化公办校零择校、择校到非营利民办校、公办校和民办校同招等制度，多点划片遏制学区房热炒现象，标本兼治实施城乡公办校校长教师刚性轮岗交流制度。有条件的地区正在从县域拓展到市域，并推广九年一贯对口招生、九年一贯制学校。按照国家脱贫攻坚计划，2020 年已经实现全国农村贫困人口义务教育有保障的目标。当前城乡和区域义务教育发展差距逐渐缩小，中西部和农村教育明显加强，农村学生营养改善计划深入实施，进城务工人员随迁子女和留守儿童受教育权利得到了更好保障。今后实施的关键还在于各级党政领导和教育行政部门统一对中央决策的认识，进而在学校、学生和家长以及社会各界等方面取得更大共识，确保全体适龄人口都能够接受公平而有质量的义务教育。优化农村学校布局，加大资源整合力度，国家制定符合实际的义务教育办学条件的基本标准，以区域推进为重点，缩小城乡学校之间的差距，进一步加大农村薄弱学校改善办学条件的力度。提高农村中小学现代远程教育设备的利用率，加快基础教育资源库建设，实现更多优质教育资源的共享。把教师队伍建设摆在西部教育发展的最优先的地位，形成有效的保障机制稳定教师队伍；进一步明确教师培养方向和定位的问题，师范院校培养学生要紧扣新农村建设和农村中小学特色教学的主题，明确实践环节和职业技能的培养目标，调整师范院校的课程设置。

本研究对河南省发展现状进行分析，从 A、B 两所小学之间差距的具体表现，反映出城乡文化教育同步化中存在的问题，进而对义务教育均等化进行深入研究。针对发展中存在的问题及原因，提出强化乡村教育帮扶、建立城乡教育资源共享以及优化乡村师资队伍等相应措施，以城乡文化教育的方式促进城乡融合发展。

一、强化乡村教育帮扶

众所周知，中国乡村的发展决定着中国整体发展水平，乡村工作历来是党中央的首要工作重点，而乡村教育是乡村经济社会持续发展和乡村人力资源开发的基础，乡村教育的弱势直接和间接地导致乡村社会发展的滞后，所以加快乡村学校的发展，这在现实中已经成为很多政策的出发点。教育也要采取因地制宜、因材施教、精准发力，着力扩大农村教育资源，在相对贫困地区普及学前教育，推动义务教育优质均衡发展。

二、建立教育资源共享

面对当前城乡日益明显的教育差距，应积极实施城乡教育一体化的基本办学标准，乡村教育和城市教育在公共教育资源倾斜上应保障均衡性，促进硬件资源的共享，实现图书资源、教学设备等的协调配置，甚至在财政上应给予乡村教育更多的财政支持。政府部门建立城市学校对乡村学校的帮扶制度，除了实现教育资源的共享，还应着力加强城乡教师之间的流动性，让一些城里的优秀教师到乡村学校帮扶教学，这样可以保证各校之间师资配置和教育水平的相对均衡。具体建议是城市小学可以通过定期选出优秀中青年骨干教师到乡村学校支教，把他们先进的教学方法、思想教授给乡村教师，有利于提高乡村教师的教学水平和整体素质；同时有条件的乡村也可以选派优秀的中青年教师到城市里学习，再依靠他们回去对乡村教师进行培训，在互助、互学中不断缩小城乡之间的师资差距。

三、优化乡村师资队伍

按照"四有好老师"标准，建设高素质专业化教师队伍。大力提高教师教育教学能力，优化教师资源配置，依法保障教师权益和待遇，提升校长实施素质教育能力，充分调动教师和教育管理队伍在深化教育教学改革中的主动性和创造性。深化关键领域改革，为提高教育质量创造条件。加强课程教材建设，完善招生考试制度，制订县域义务教育质量、学校办学质量和学生发展质量评价标准。充分发挥教研支撑作用。落实学校办学自主权，激发学校生机活力。实施义务教育质量提升工程。加强组织领导，为新时代提高义务教育育人质量提供坚强保障。坚持党的全面领导，落实部门职责，强化考核督责，切实加强对教育教学改革的价值引导、组织领导和支持保障。加快推进家庭教育立法，密切家校联系，加强家庭教育指导，构建学校、家庭、社会"三位一体"的协同育人格局。

要改变农村小学教育质量较低的现状，首先应从培养一批优质的乡村师资队伍做起。当今世界是信息技术迅速发展的时代，这也改变了教育的方式和手段，从传统的"手写教学"到现在运用 PPT、视频、音频及 Flash 动画等多种授课手段进行教学。加强乡村地区教师参加高质量培训的机会，努力提升乡村教师综合素质。

第七章 城乡区域空间融合化

党的十九大提出了实施乡村振兴战略，为解决城乡关系发展不平衡的矛盾指明了方向，城乡要素的深度融合有利于实现乡村振兴，而乡村的全面振兴过程也是城乡融合发展、城乡区域协调发展的体现。融合并不是要消除城乡差别，而是在保留和乡村两种人类聚集形态的前提下，城市和乡村相互渗透，组成关系密切、彼此功能互补、利益共享的复合系统。这一系统不仅是在保持城市和乡村特色的前提下，不同自然要素、经济要素和空间要素的优化组合，在城镇化过程中，对城乡融合发展起着奠基作用。本章在对比分析江苏与河南区域空间融合现状的基础上，总结了城镇化过程中城乡区域空间融合发展的模式，探索适合河南省城乡区域空间高质量融合发展的现实路径。

第一节 城乡区域空间融合现状分析

本节首先描述了河南省与江苏省各自的城乡区域空间融合现状，然后从城市经济发展水平、乡镇经济发展水平、交通基础设施建设及新城新区建设四个方面对比分析了城乡区域空间融合现状并进行分析总结。

一、河南省城乡区域空间融合现状分析

近年来，河南省经济快速发展，也已跨入新兴工业大省的行列。然而，河南省作为传统的农业大省和人口大省，城镇化、工业化水平较低，且河南省城乡经济发展存在的差距以及二元户籍制度的存在，使得农村的人口、资金等资源向城市流动，有利于资源更多地流向城市，不仅加重了城市负担，也限制了农村的发展。城镇居民的支出很少流向农村市场，使得城乡之间的经济联系较少。这一系列原因都不利于河南省现阶段城乡区域空间的融合，致使河南省区域空间融合程度不高，远低于东部沿海地区。

河南省城市并没有形成像江苏一样完善的区域空间融合模式，而且省内不同城市也会受不同的驱动因素影响，使得各个城市走向不同的城乡区域空间融合。

二、江苏省城乡区域空间融合现状分析

江苏省城乡空间融合开始由离散扩展逐步向融合扩展过渡，城乡连通程度逐步提高，有较好的连接性和稳定性。城市经济发展水平的快速提高、乡村经济的高速发展、交通基础设施的不断完善、开发区和新城区的快速建设是江苏城乡融合发展的主要动力。对于处在不同经济发展水平和城镇化阶段的地区，其城乡空间融合的驱动因素不同，形成了交通区位优势驱动的枢纽链接模式、城镇化驱动的集聚吞并模式，以及乡村经济驱动的融合扩展模式。江苏省作为中国经济发达的东部沿海省份，其内部区域发展水平差异较大，正是由于此，其展现了不同发展阶段和不同城镇化水平下的城乡空间融合的形态特征及演化模式。江苏省的三大区域，处在不同的经济发展水平和城镇化阶段。江苏的北部地区，以徐州为典型代表，属于枢纽链接模式；江苏的中部地区，以省会城市南京为典型代表，属于集聚吞并模式；苏南地区乡镇企业发达，县域经济雄厚，城乡差距较小，是典型的乡村主动融合城市的模式，即融合扩展模式，代表城市是苏州、无锡和常州。

三、河南、江苏两省城乡区域空间融合因素分析

(一) 城市经济发展水平

居民收入的增长，是夯实民生福祉的最根本支点。党的十九届五中全会公报提出，"十四五"时期，居民收入增长和经济增长基本同步，分配结构明显改善。到 2035 年，经济总量和城乡居民人均收入将再迈上新的台阶；人均国内生产总值达到中等发达国家水平，中等收入群体显著扩大，基本公共服务实现均等化，城乡区域发展差距和居民生活水平差距显著缩小。

根据 2020《中国统计年鉴》调查得江苏省与河南省城镇居民人均可支配收入，并制作出图 7-1 和表 7-1。

由图 7-1，表 7-1 可以看出，在 2013—2019 年期间，河南省和江苏省城市居民人均可支配收入都呈稳步上升的趋势，同时也可以看出河南省城市居民人均可支配收入一直低于江苏省城市居民人均可支配收入。因为江苏省 2013 年城市居民人均可支配收入为 31 585.5 元，河南省 2013 年城市居民人均可支配收入为 21 740.7 元，则可以算出 2013 年江苏省和河南省城市居民人均可支配收入的差额为 9 844.8 元；又因为 2019 年江苏省城市居民人均可支配收入为 51 056.1 元，河南省城市居民人均可支配收入为 34 201 元，可以算出江苏省和河南省城市居民人均可支配收入差额为 16 555.1 元。河南省与江苏省城市居民人均可支配收入差额从 2013 的 9 844.8 元增至为 2019 年的 16 555.1

元，可以看出，江苏省与河南省城市居民人均可支配收入差距在逐渐拉大，从而得出江苏省城市经济发展速度快于河南省城市经济发展速度，江苏省城市经济发展水平要高于河南省城市经济发展水平。

图7-1 江苏省与河南省城市居民人均可支配收入对比图

表7-1 江苏省与河南省城市居民人均可支配收入对比表（元）

人均可支配收入	2013年	2014年	2015年	2016年	2017年	2018年	2019年
江苏省	31 585.5	34 346.3	37 173.5	40 151.6	43 621.8	47 200	51 056.1
河南省	21 740.7	23 672.1	25 575.6	27 232.9	29 557.9	31 874.2	34 201

（二）乡村经济发展水平

根据《中国统计年鉴》查得相关数据并制作出图7-2和表7-2，从图7-2中可以看出河南省和江苏省的农村人均可支配收入呈逐年增长的趋势。

图7-2 江苏省与河南省农村居民人均可支配收入对比图

表 7 - 2   江苏省与河南省农村居民人均可支配收入对比表（元）

人均可支配收入	2013 年	2014 年	2015 年	2016 年	2017 年	2018 年	2019 年
江苏省	13 521.3	14 958.4	16 256.7	17 605.6	19 158	20 845.1	22 675.4
河南省	8 969.1	9 966.1	10 852.9	11 696.7	12 719.2	13 830.7	15 163.8

由图 7 - 2，表 7 - 2 对比可以得出，河南省农村居民人均可支配收入从 2013—2018 年都低于江苏省农村居民人均可支配收入，又因为 2013 年江苏省农村居民人均可支配收入为 13 521.3 元，河南省农村居民人均可支配收入为 8 969.1 元，由此可以算出 2013 年河南省农村居民人均可支配收入和江苏省农村居民人均可支配收入的差额为 4 552.2 元；又知 2018 年江苏省农村居民人均可支配收入为 20 845.1 元，河南省农村居民人均可支配收入为 13 830.7 元，可以算出 2018 年江苏省与河南省农村居民人均可支配收入差额为 7 014.4 元。由 2013 年和 2018 年两省农村居民人均可支配收入差额可以看出，两省农村居民人均可支配收入差距是越来越大的。经分析可得知，江苏省的乡村经济发展速度要高于河南省的乡村经济发展速度，江苏省的乡村经济发展水平要高于河南省的乡村经济发展水平。

(三) 交通基础设施

2018 年度《中国主要城市道路网密度监测报告》显示，在全国 36 个主要城市中，城市道路网密度处于较高水平的为深圳、厦门和成都，道路网密度高于 8.0km/km^2 以上，占比为 8.3%；城市道路网密度处于中等水平的城市共 18 个，道路网密度在 5.5～8.0km/km^2 之间，占比为 50%；城市道路网密度处于较低水平的城市共 15 个，道路网密度低于 5.5km/km^2，占比为 41.7%。全国 36 个主要城市的道路网密度主要呈现以下三个规律：

1. 南方城市普遍高于北方城市。从城市区位角度来看，以秦岭-淮河地理分界线为城市分类标准统计，南方城市道路网密度普遍高于北方城市。

2. 城市规模越大，道路网密度相对越高。从城市规模角度来看，依据最新城市规模划分标准，在全国 36 个主要城市中，超大型城市平均道路网密度为 7.30km/km^2，特大型城市平均道路网密度为 6.06km/km^2，Ⅰ型和Ⅱ型大城市分别为 5.76km/km^2 和 5.39km/km^2。城市道路网密度呈现出城市规模越大，道路网密度水平越高的统计规律。城市规模越大，建成区人口聚集度相对越高，城市市政基础设施的建设相对完善，规模效应促进城市经济的发展，进一步为城市道路设施建设提供保障。此外，超大、特大城市拥有道路网密度相对较高、面积较大的老城区也是重要因素之一。

根据《河南统计年鉴》及《江苏统计年鉴》查得路网密度计算所需要的数

据，以此计算出河南省路网密度及江苏省路网密度，并制做出图 7 – 3 和表 7 – 3 进行相关对比。

图 7 – 3 江苏省与河南省的路网密度对比图

表 7 – 3 江苏省与河南省的路网密度对比表

（单位：km/km²）

	2013 年	2014 年	2015 年	2016 年	2017 年	2018 年	2019 年
江苏省	9.707	9.719	9.728	10.467	10.642	10.525	9.707
河南省	4.908	4.896	4.921	5.127	5.168	5.198	4.908

由图 7 – 3 对比图可知，河南省的路网密度在 2013—2015 年都维持在 5km/km² 以下，在 2016 年后增至 5.127km/km²；江苏省的路网密度在 2013—2015 年都维持在 10km/km² 以下，在 2016 年后增至 10.467km/km²，可以看出 2013—2018 年江苏省与河南省的路网密度总体呈上升的趋势，在 2016 年开始江苏省的路网密度与河南省的路网密度差距增大，2015 年江苏省的路网密度为 9.728km/km²，河南省的路网密度为 4.921km/km²，则可以算出 2015 年河南省与江苏省的路网密度差额为 4.807km/km²。而 2016 年江苏省路网密度增至 10.467km/km²，河南省路网密度增至 5.127km/km²，则可以算出 2016 年两省路网密度的差额为 5.34km/km²，河南省和江苏省路网密度差额由 2015 年的 4.807km/km² 增至 2016 年的 5.34km/km²，这表明 2015—2016 年期间河南省的交通基础设施建设速度要远远低于江苏省的交通基础设施建设速度，同理可得 2013—2018 年期间河南省的交通基础设施建设速度要低于江苏省，则河南省的交通基础设施完善程度要低于江苏省交通基础设施完善程度。

(四) 新城新区建设

根据全国建成区面积排行榜可知，江苏省南京排在第10位，河南省郑州排在第18位。郑州的城市发展起步较晚，但是发展却非常迅速，从全国主要省会城市的建成区面积看，河南省的发展潜力较大。

根据《河南统计年鉴》及《江苏统计年鉴》查得，河南和江苏两省各自的建成区面积，对比得出河南省建成区面积一直低于江苏省，反映出河南省新城新区建设水平低于江苏省的新城新区建设水平。

根据《中国统计年鉴》得出，河南省和江苏省的建成区面积的相关数据，并根据数据制作图7-4和表7-4进行相关对比。

图7-4　江苏省与河南省的建成区面积对比图

表7-4　江苏省与河南省的建成区面积对比表

（单位：km²）

	2010年	2011年	2012年	2013年	2014年	2015年	2016年	2017年	2018年	2019年
江苏省	3 271.1	3 493.8	3 655.1	3 809.6	4 019.8	4 189.2	4 299.3	4 426.5	4 558.4	4 648.3
河南省	2 014.4	2 098.1	2 219.1	2 289.1	2 374.7	2 503.1	2 544.3	2 685.3	2 797.3	2 944.3

根据图7-4，表7-4可知，江苏省与河南省的建成区面积在2010—2019年期间逐年增加，呈稳步上升的趋势。江苏省的建成区面积一直在河南省的建成区面积之上，又因为2010年江苏省的建成区面积为3 271.1km²，河南省建成区面积为2 014.4km²，由此可得两省2010年建成区面积差额为1 256.7km²；又因2018年江苏省的建成区面积为4 558.5km²，河南省建成区面积差额为2 797.3km²，由此可得两省2018年建成区面积差额为1 761.2km²，由2013年和2019年建成区面积差额对比可知，河南省与江苏省的建成区面积差距是

越来越大的。分析可知，河南省的新城新区建设水平要远低于江苏省的新城新区建设水平。

本节根据《中国统计年鉴》《河南省统计年鉴》及《江苏省统计年鉴》中的数据得出，城市居民人均可支配收入、农村居民人均可支配收入、建成区面积及路网密度对比图表，并根据图表进行了一系列的分析。经分析可得，在城市经济发展水平、乡村经济发展水平、交通基础设施建设及新城新区建设4个影响因素上河南省的发展水平都低于江苏省的发展水平。所以，要以江苏省为城乡区域空间融合的目标，向江苏省的城乡区域空间融合路径进行学习。

第二节　城乡区域空间融合的模式

本节将根据对江苏省的城乡区域空间融合现状分析总结出了现阶段下不同因素驱动江苏省区域空间融合的三种模式，选出江苏省的徐州、南京、苏州对应三种模式，并与河南省的开封、洛阳及焦作进行对比分析。

一、江苏省城乡空间融合三种模式

江苏省各个城市处在不同的经济发展水平和城镇化阶段，基于以上对城乡空间融合的影响因素分析，可以归纳出其城乡空间融合的3种地域类型：枢纽链接模式、集聚吞并模式及融合扩展模式。

（一）枢纽链接模式

枢纽链接模式的驱动因素为交通区位优势。通过城市的交通枢纽地位，使城市经济得以快速发展，进而带动城市周边乡村的发展。由于枢纽型城市的交通设施比较发达，为城市与周边乡村的相互作用提供了便捷的通道，使各种物流、人流、信息流等能够快速地在城市与周边区域自由流动，进而使得城市与周边区域相互作用领域拓宽。枢纽城市不仅关系到区内各经济体的交流，更重要的是利用其枢纽功能实现与广大乡村腹地之间的物质和能量互换，带来区域发展所必须的物质、信息、资金和人才等有利的因素。

典型城市——徐州

徐州地处江苏省、山东省、河南省、安徽省四省交界，东襟淮海，西接中原，南屏江淮，北扼齐鲁，素有"五省通衢"之称，是国家重要的综合交通枢纽。连霍、京福、京沪、宁徐等国家高速公路主干线在此交汇，京沪、陇海两大干线铁路于此相交，国家水运主通道京杭运河傍城而过，徐州观音国际机场是淮海经济区唯一的大型干线机场，徐州市运输管道是华东输油管道的重要组成部分。徐州已经初步形成公路、铁路、水运、航空、管道"五通汇流"的立体化交通格局，成为国家级公路主枢纽、中国东部地区路网性大型铁路枢纽、国家级内河水运枢纽、国内一级航空干线大型民航空港。由此可知，徐州属于枢纽链接模式。

（二）集聚吞并模式

集聚吞并模式的驱动因素是城镇化水平。城镇化在城市的集聚效应主导作用下，使其周围乡村地区变为城市的过程。城市首位度高，具有要素、产业与职能的空间聚集优势。随着中心城市的聚集与扩散效应不断增强，通过人口、产业及职能的空间扩散，不断疏解中心城市密度，周围腹地乡村接受来自中心城区的辐射而得到不断发展。由于城市与乡村的相互作用不断加强，形成了城乡融合的格局，这时中心城市出现典型的郊区化现象。

典型城市——南京

南京城镇化率位于全省第一，参考《江苏省统计年鉴》得知南京城镇化率高达 82.5%，是徐州、南京及苏州这三个城市里最适用于集聚吞并模式的一个城市。

（三）融合扩展模式

融合扩展模式的驱动因素是乡村经济。在乡村地区快速发展的基础上，通过完善的交通设施，主动成为城市系统的有机组成部分，主要表现为以下两种形式：第一，由于城市的不断发展，其发展空间受到很大限制，并引发了污染加剧、交通堵塞、地价上涨等一系列问题。于是，许多城市在远郊兴建工业园区、开发区和建设新城区，通过此实现农村到城市的转变。第二，经济发展较好的乡镇（村），在生活水平、公共服务和基础设施不断提高和优化的基础上，与城市的联系不断强化，积极与城市链接融合。

典型城市——苏州

苏州初步形成以市区中心城市为核心、5 个县级卫星城市为枢纽、10 多个中心镇为基础的区域城市群，城市化率提高到 70.6%；建成万亩以上农业示范园区 18 个，高效农业比重达 59%，基本建成城乡一体的政策制度框架体系。

二、河南省城乡空间融合模式分析

河南新型城镇化在总体上呈现出质与量并重发展势头，城市群与都市区建设正在引领城镇化形态优化，新型城镇化水平明显提高。但是，与城镇化高质量发展的目标相比，仍存在一定差距，迫切需要从推进重点人群城镇落户、城镇体系优化、深化体制机制改革、促进城乡要素流动等方面发力，以城乡融合发展推进城镇化高质量发展。下面以三个城市为例进行具体分析。

(一) 典型城市——洛阳 (枢纽链接模式)

洛阳市横跨黄河中下游南北两岸,东邻郑州市,西接三门峡市,北跨黄河与焦作市接壤,南与平顶山市、南阳市相连。洛阳是华夏文明的发祥地之一、丝绸之路的东方起点、隋唐大运河的中心。洛阳北郊机场于 1986 年开工兴建,1987 年 9 月 26 日正式通航。2008 年,洛阳北郊机场改扩建工程启动,2010 年 4 月新候机楼投入运行,新建航站楼面积 14 800m²。2016 年,洛阳北郊机场新增加的 3 个停机位和除冰坪开始投入使用,停机坪总面积达到 62 580m²。2018 年洛阳北郊机场旅客吞吐量 131.51 万人次,同比增长 48.72%。洛阳的高速公路有环城高速、连霍高速、二广高速、宁洛高速、郑卢高速、洛栾高速、济洛高速 (开工)、尧栾西高速 (开工) 等;铁路有洛欧班列、陇海铁路、焦柳铁路、三洋铁路、蒙中铁路、呼南高铁及郑西高铁等。洛阳市城市轨道交通线网由 4 条线路组成,总长 102.6km,设车站 63 座,其中换乘车站 8 座。洛阳的交通是洛阳、鹤壁、焦作这三个城市里最发达的,故洛阳适合枢纽链接模式。

(二) 典型城市——鹤壁 (集聚吞并模式)

根据《河南省统计年鉴》得出鹤壁、焦作及洛阳三座城市的城镇化率,并根据这些数据制做出图 7 - 5 和表 7 - 5。

图 7 - 5 鹤壁、焦作及洛阳的城镇化率对比图

表 7 - 5 鹤壁、焦作及洛阳的城镇化率对比表

	2013 年	2014 年	2015 年	2016 年	2017 年	2018 年
鹤壁	52.8%	54.1%	55.7%	57.2%	58.8%	60.1%
焦作	52%	53.2%	54.9%	56.5%	58%	59.4%
洛阳	49.4%	51%	52.7%	54.4%	56%	57.6%

由 2013—2018 年的三个城市的城镇化率对比图及数据可知，在这几年里，鹤壁、焦作及洛阳三座城市的城镇化率都是呈逐年增长、稳步上升的趋势。由对比图可以看出鹤壁、洛阳及焦作三座城市的城镇化率差距并没有明显的变化，三条线几乎呈平行的状态，由此可知这三座城市的城镇化率发展速度接近。但由图表可以明显看出在这三座城市中，鹤壁的城镇化率几年来一直位于首位，则可以得出在鹤壁、洛阳、焦作这三座城市中最适合集聚吞并模式的是鹤壁。

（三）典型城市——焦作（融合扩展模式）

根据《河南省统计年鉴》得出鹤壁、焦作及洛阳三座城市农村居民人均可支配收入，并根据这些数据制做出图 7-6 和表 7-6。

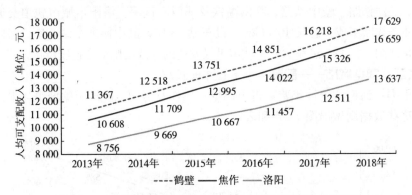

图 7-6　鹤壁、焦作及洛阳农村居民人均可支配收入对比图

表 7-6　鹤壁、焦作及洛阳农村居民人均可支配收入对比表

（单位：元）

	2013 年	2014 年	2015 年	2016 年	2017 年	2018 年
鹤壁	11 367	12 518	13 751	14 851	16 218	17 629
焦作	10 608	11 709	12 995	14 022	15 326	16 659
洛阳	8 756	9 669	10 667	11 457	12 511	13 637

由 2013—2018 年的焦作、鹤壁及洛阳农村居民人均可支配收入数据图 7-6、表 7-6 可得，近几年这三座城市农村居民人均可支配收入均呈逐渐上升的趋势。根据图 7-6、表 7-6 及数据可以看出，焦作和鹤壁之间的差距较小，与洛阳的差距较大。根据焦作与鹤壁农村居民人均可支配收入绘成的这两条线几乎呈平行的状态，这说明两座城市之间的差距维持在一个稳定的区间，没有明显的增加或减少；与之不同的是焦作与洛阳这两座城市间农村居民人

均可支配收入差额呈一个扩张的趋势，差距逐渐增大。这说明焦作和鹤壁的乡村经济发展速度接近，洛阳的乡村经济发展速度要低于这两座城市。但总体来看，焦作农村居民人均可支配收入位于三座城市最高位，乡村经济发展水平最高，则在焦作、鹤壁、洛阳这三座城市中最适合融合扩展模式的是焦作。

第三节　城乡空间融合发展措施

由河南与江苏城乡区域空间融合现状对比分析可以看出，河南省城乡区域空间融合程度和江苏省城乡区域空间融合程度差距依然很大，所以河南省城乡区域空间还应该继续进行融合。本节依据党的十九大提出的乡村振兴战略和三种区域空间融合模式提出了关于城乡区域空间怎样进行融合的建议。

一、构建区域产业

在城乡基础设施不断完善的背景下，城乡网络化发展成为趋势，不同等级、规模、性质的城市和乡村构成新型区域发展网络。城乡功能布局主要呈现出空间专业化、梯度发展格局。城市对农村要形成持久的辐射带动，需要构建城乡"元素—产业—空间"交融区域，通过规划来引导产业在城乡耦合发展。按照城乡价值链分工的原则，实现功能互补、错位发展，形成有竞争力的城乡交融区（产业集群）。城乡交融区必须有清晰的功能定位，既体现城市经济元素的现代性，也充分展示乡村经济元素的特色，在城乡空间演化中，扮演贯通城乡的中间地带角色，有效发挥城乡经济元素的高效整合，促进城乡互动、城乡融合发展。

二、治理乡村空间

乡村空间治理导向的城乡地域系统的互动关系演化过程是剖析乡村空间治理与城乡融合发展互动作用的关键。

城乡融合发展过程中，城乡发展格局的不协调和城乡关系的不和谐将进一步推动新一轮的乡村空间治理过程，构成了城乡互动关系的循环系统。乡村空间的综合治理是一个持续且系统的工程，因此不能寄希望于短时间内彻底完成乡村空间治理任务，进而短期实现城乡融合发展的宏大目标。现实中，以部分成熟的乡村空间治理手段为突破，撬动城乡融合发展进入良性的转型通道，在这个过程中城乡发展格局和城乡互动关系不断演变，城乡转型发展冲突成为推动新一轮乡村空间治理的新动力，进而激发新的乡村空间治理需求。据此，城乡融合发展与乡村空间治理形成良性的互动作用关系，推动城乡融合发展格局不断演进。

乡村空间治理在推动城乡融合发展中起到了关键作用，在部分地方实践中取得了较好的成效。2016 年以来，以江苏省北部邳州市开展的乡村公共空间治理为代表的乡村空间治理行动，在推动欠发达地区乡村转型发展中取得了良好的示范效果。当前，江苏省有关部门正在加紧论证以乡村空间治理为手段推动城乡融合发展和乡村振兴的实施方案。邳州市乡村公共空间治理核心是明晰了乡村地区公共空间的范围及其权属问题，以乡村公共空间为全体居民所有和共享为出发点，采用市场化运作方式发挥乡村公共空间的价值属性，有效增加经济薄弱村和落后地区乡村的集体收入来源，有效加强乡村的组织凝聚力和统筹发展能力。乡村空间面貌显著改善，人居环境得到有效治理，乡村地区持续衰落得到有效遏制，城乡融合发展进入良性通道。从邳州市乡村公共空间治理实践可以看出，乡村空间治理在重建城乡发展关系中起到了关键作用，为持续推动城乡融合发展提供了有力保障。

三、统一规划空间

长期以来城乡分割的二元经济结构形成了重城轻乡、重工轻农的局面。在长期的经济发展中，总是以突出城市的发展为区域经济发展的重点。这种局面需要打破，将城乡作为一个空间整体进行规划，避免城乡发展中的各自为政的现象。通过整体设计，将乡村与城市有机地结合起来，改变乡村的聚落形态和聚落景观为城市（城镇）景观。通过城乡发展的统一规划实现城乡经济一体化并达到城乡空间共融的目的。

四、互补城乡功能

城市与乡村的功能是有区别的。城市在空间上呈现聚集分布，乡村则呈现分散分布。城市的发展需要以乡村为腹地为其发展提供资源支撑。城乡之间在发展过程中只有互补才能够充分发挥以城带乡、以乡促城、城乡融合发展的目的。只有经济、社会等诸方面在城乡之间进行很好地互动情况下才能够真正实现城乡融合发展。城乡在空间上的融合是两者在经济和社会层面互融的前提条件。

五、促进要素流动

促进生产要素在城乡之间的自由流动是统筹城乡发展的前提条件之一。一要统筹土地利用规划、城乡建设规划和产业集聚区规划；强化农民的土地承包经营权，促进土地流转，逐步建立城乡统一的建设用地市场；健全农村土地管理制度。二要统筹城乡劳动就业和社会保障制度，建设城乡统一的劳动力市场，保护农民工合法权益，引导农民有序外出就业。三要加快组建中原发展银行，支持省农信联社改制为省级银行，鼓励金融机构发起设立村镇银行，创新金融产品和服务，为广大农村地区客户提供方便、快捷的服务。

第八章 城乡生态环境共生化

党的二十大报告明确指出"中国式现代化,是人与自然和谐共生的现代化",必须牢固树立和践行绿水青山就是金山银山的理念,站在人与自然和谐共生的高度谋划发展。2015年中共中央、国务院印发的《生态文明体制改革总体方案》明确提出,坚持城乡生态环境治理体系的统一性,将城市环境治理和乡村环境治理看作是一个有机整体统筹规划与布局。城乡生态环境共生建设已经成为全面建成小康社会不可或缺的重要一步。

第一节 城乡生态环境现状

良好的生态环境是城乡协调发展建设的支撑点,城乡生态建设的重点是实现乡村宜居,因此城乡生态建设应着重放在乡村建设方面。但目前中国城乡二元化结构明显。中国的"城乡二元",不仅指城乡二元经济结构,也是指城乡二元社会结构,同时也体现了城乡关系的二元性,城乡生态环境也表现出二元性,河南省尤为突出。

一、城乡生态环境污染

由于城乡经济的不断发展,环境污染情况也不容乐观。城市居民生活生产以及工业化建设飞速发展的同时也带来严重的污染,汽车尾气、工业废气排放造成的大气污染,生活污水和工业污水的不合理排放造成的水污染,以及生活垃圾的违规处理等,使得城市污染日益严重。此外,在农村方面,由于环境保护意识不强所造成污染情况也比比皆是。如养殖废水随意排放、过量使用农药化肥、焚烧秸秆、生活垃圾露天堆放等。这些生态环境污染基本上来自生产和生活,污染状况在不断扩大也在逐步影响着人们的生产生活,给人们生活带来不利的影响和不便。

二、城乡污染单向转移

目前中国正处于城市化加速建设阶段,城镇化建设规模不断加大,但城市基础设施的建设规模远远落后于城市扩张的速度,城市居民因生活、生产等活动而产生的大量废水直接向江河等水源排放。城市汽车保有量的迅速增加造成大气污染的加剧，城市居民大幅增加和消费水平的不断提高造成生活垃圾急剧增加，超出了城市周边处理的能力范围，只好往更远的农村地区倾倒填埋；此外，由于城市的生态容量已达极限，城市污染工业企业只好向农村地区转移，以上原因导致城市生活和工业污染物向农村地区转移和扩散的情况显著增加。而城市污染进一步影响了乡村生态环境，即"城乡污染转移"。而由于城市的生活垃圾、工业污染源等各种污染不断向农村转移，导致了农村的生态环境恶化日益加重。农村在自身生态环境净化的过程中也会对城市造成一定的污染如秋冬季节，农田焚烧秸秆产生的大量烟雾，在空气中形成浓厚的悬浮颗粒，与城市的热岛效应结合，污染大气环境。随着规模不断扩大，农村养殖业的废物废水直接往江河排放，遭到污染的水资源直接危害了城乡居民的健康。这种情况下城乡之间的污染相互转移，互相影响，任何一方需求都需要兼顾，生态治理的要求迫在眉睫。

三、城乡资源分配不均

资源，指一国或一定地区内拥有的物力、财力、人力等各种物质要素的总称。资源也是社会建设和发展的重要基础。而往往伴随社会经济的发展，对于人们生产和生活的发展，资源总是呈现出相对的稀缺性，因此这就要求人们在发展的过程中尽量利用最少的资源生产出最适用的商品和劳务，实现利益最大化。目前，城市化的不断发展带来更多发展机遇，一方面，吸引大量农村劳动力涌入城市，给城市带来丰富廉价的劳动力，同时也给城市的资源环境带来巨大压力，生产资源、居住环境开始变得紧张。另一方面，由于大量青壮年劳动力流入城市，农村因为缺乏青壮劳动力、先进科学技术以及长远的发展观念而造成大量土地、矿产、旅游资源不能被更合理地开发利用，进而加剧了城乡差距，不利于城乡融合进程的发展。

第二节 国内外典范

对于目前城乡生态所面临的一系列问题，可以积极借鉴国内外一些地区的一些优秀做法，取其精华，去其糟粕，根据自身的现状以及国家地区间的差异做出调整改进，探索出属于"中国式"的城乡生态环境治理道路。

一、国外经验

（一）韩国实施大规模的"新村运动"

大力改善农村基础设施条件和农村居民的人居环境。韩国政府为村庄提供水泥、钢材等材料，要求必须修建桥梁、公共浴室以及修筑河堤和村级公路等，以改善乡村的生活环境和文化环境。

着力推行农民增收计划。通过制定规划、多方协调、提供服务，以及给予财政、物质、技术支持，进一步推动多种经营，大力发展农村金融业、流通业。同时由于政府在收购农民粮食上给予一定的优惠政策，收购价高出市场零售价，农民获得巨大实惠。

共同出资加快住房建设。采取"政府出大头、地方出中头、农民出小头"的出资方式，共同帮助农户贷款建房。农民秋收后通过向国家卖粮获得收入，并用此收入按比率逐年返还贷款，同时政府还通过发放补助等方式，帮助农民改善住房条件。

进一步优化农业结构。韩国农业主要以稻米生产为主，经济作物种植为辅。"新村运动"开始后，韩国政府在全国推广水稻高产品种，使韩国稻米生产跨入新的发展阶段，经济作物种植面积也大幅度增加。农民收入也在不断增高。

韩国"新村运动"这一措施受到农民的极大欢迎，农民参与"新村运动"的积极性大大提高。到 20 世纪 70 年代后期，全国所有农村全部通车，几乎所有农户都用上了电灯和自来水，带动了农村的全面发展，直接带来了韩国农村生活和居住环境的改变，提高了农民收入，缩减了贫富差距，进一步提高了农业机械化水平，更建立了覆盖全民的社会保障制度。从韩国城乡融合发展来看，政府应当坚持主导而不干预的原则，给予农民鼓励的同时，能激励农民，充分调动农民自身的积极性，使得农民的自主性和创造性得到充分发挥。与此同时，要加大对农村地区的基础设施投入，改变农村的根本面貌，增加农村基础设施建设的投入，切实改善农业生产条件，提高农民生活质量，提高与农村居民日常生活密切相关的公共服务水平。还要建立与经济发展相协调的社会保障制度，消除农民在养老、医疗、贫困方面的后顾之忧。

（二）日本乡村振兴

从日本乡村振兴发展历程可知，乡村振兴不是一种结果，而是一种过程、一种战略，通过乡村振兴使身处农业或农村地域的居民过上与城市居民同等水平的生活。中国与日本乡村振兴战略提出和实施阶段面临的国内外经济发展形势有很大不同，日本当时城镇化率高且整体社会经济发展正处于经济高速增长期的前期，商品出口也处于成长期；中国乡村振兴战略提出时的国内社会经济发展情况，城镇化率为 57.96%，整体社会经济发展已进入中高速经济增长期，商品出口拉动经济增长的动力已大大减弱。中国乡村振兴遇到的困难将会更加复杂、区域差异更加多样化。因此，乡村振兴战略落实与推进应该因地制宜、因时而动、因村施措，不能固守单一模式。

其次，日本没有严格的城乡二元户籍制度，形成了城乡统一的劳动力、土地、资金等生产要素市场。中国也应该加快户籍制度改革的进程，推进城乡基本公共服务均等化进程。同时，建立城乡统一的要素市场，增强乡村产业支撑和就业承载力，促进城乡错位发展，形成城乡互补、互动与互联的一体化发展格局。

日本政府在乡村振兴不同阶段适时、有针对性地将经验和政策上升为立法，为乡村振兴提供了稳定、全面的法制和法律保障：从早期的侧重引导、规范和促进农业生产的《自耕农创设特别措施法案》《农地调整法改正案》《农业协同组合法》；到中期对乡村振兴进行扶持、引导和规范的《町村合并促进法》《农业基本法》《山村振兴法》《农业振兴域整备法》《过疏地域对策紧急措置法》《农村地域工业导入促进法》《农业劳动者年金基金法》；再到后期对城乡融合发展的指导和规范的《关于为搞活特定农村、山村的农林业、促进健全相关基础设施的法律》《农山渔村余暇法》《农山渔村宿型休闲活动促进法》《食品农业农村基本法》《农商工联合促进法》和《六次产业化法》等，这些都体现了乡村振兴过程中立法先行的规范和保障作用。因此，中国乡村振兴战略的实施应该及时将成功和成熟的政策、制度、措施等形成法律，以乡村振兴法或某类乡村振兴专项律法来规范乡村振兴过程。

全国性的农业协会为日本乡村振兴提供了强大的组织保障：1947年日本政府制定了《农业协同组合法》，规范和指导农民协同组织的建立。同时，日本政府加大了对农业和农协在财政拨款与税收方面的扶持力度。至1959年年底，已基本形成遍布全国市町村的庞大的农协体系。上有全国性的农协联合会，下有综合农协和专业农协。农协不仅在生产领域为农户统一采购生产资料、提供农业技术指导，而且在流通领域为农产品的销售提供渠道，在生活领域为农户统一采购生活资料，并提供养老、保险、金融等综合服务。农协在分散的小农户和大市场之间成功地架起了桥梁，以强大的组织功能保障了小农户的市场议价能力，并减少了流通成本，切实提高了农业劳动生产率，增加了农民的收入。除此之外，农协还具体贯彻实施国家的农村各项政策，极大地便利了农民的生活，维护了农民的利益。

二、国内经验

（一）"现代田园城"的太仓样本

100多年前由英国学者霍华德提出的田园城市理念——把一切生动活泼的城市生活优点和美丽愉快的乡村环境和谐地结合在一起。这样的和谐结合体如今在江南太仓得到了践行，实现了左手现代城市，右手诗意乡村的有机结合。

太仓自古农业发达，土地肥沃，物产富饶，是典型的江南鱼米之乡，素有"锦绣江南金太仓"的美誉。长期以来，太仓始终坚持把建设"现代田园城市"作为发展目标，致力于实现"城乡一体、产城融合、城在田中、园在城中"的美好景象。东林村依托村办合作农场，先后搭建了六大农业发展平台，全面推进"三产"融合发展，村级集体经济实力不断壮大。2021年，该村实现村集体稳定性收入2 127万元。在这里，大家触摸到了"产业兴旺"的脉搏：木屋民宿、房车营地、田园咖吧、农耕文化风情园等一大批旅游配套设施建成，村民们住进了设施配套一流的新型社区，环境好，生活便利。电站村不仅留住了乡愁，还引来了游客，2018年吸引客流40余万人次。在这里，大家触摸到了"生态文明"的脉搏：成立文明合作社，将文明细化为公益服务、关爱服务等内容，以积分制的方式，对村民家庭的实施和完成情况进行评价；村民踊跃参与……在这里，让大家触摸到了"生活富裕"的脉搏：2018年，太仓全市农村居民人均可支配收入达32 458元，是全国的2.22倍，城乡居民收入比为1.94∶1，太仓成为全国城乡居民收入差距最小、农民收入最高的城市之一，并4次荣登中国最具幸福感城市县级市首位。

多年来，通过实践探索，太仓持续培育一批产业特而新、生态环境优、文明程度高、社会治理好、集体经济强、农民生活富的乡村振兴示范村。到2020年，全市50%以上的村列入试点行列，其中30%达到示范标准。但和许多地方一样，随着技术和理念的更新，农村人才缺口很大，这个难题在太仓同样存在。"在这个大环境下，如何种好地考问着太仓现代农业的可持续发展。"太仓市农业农村局副局长说，近年来，太仓开始大力培育新型职业农民，以满足现代农业发展的需求。2013年，太仓市在江苏省创新开展农业委培生工作。两届农业委培生都已毕业走上工作岗位，目前共有189人在岗，14人进入村（社区）"两委"班子，1人被选为村委会副主任。2018年，太仓大力实施"定制村干"培育工程，建立重点人才培养库，将农村的人才工作战略性前移。到2020年，市委组织部计划在现有"定制村干"的基础上再培养200名左右干部，为乡村振兴注入源源不断的"源头活水"，让懂农业、爱农村、爱农民的年轻人才到基层建功立业，实现梦想。

（二）江苏较早走上城乡结合之路

江苏在新中国成立初期是个农业大省，凭借自身的条件，走出了一条自力开发、自主发展、外向开拓、城乡结合的发展道路。在改革开放以来持续发展的实践中，江苏努力探索以体制转轨促进经济转型，积极实施一系列内在变革，在推进城乡一体化中实现了"四大突破"。江苏走出了具有自身区域特色的以工促农、以城带乡、城乡联动发展的成功之路，城乡融合发展态势领跑全国。但仍然存在许多深层次矛盾和体制性障碍，需要进一步积极探索与实践，努力开创在科学发展统领下的江苏城乡融合发展的新局面。

1952年江苏省国内生产总值48.41亿元，人均国内生产总值131元，一、二、三次产业增加值之比为52.7：17.6：29.7，整个国民经济是一个以农业为主导的经济。江苏人多地少，资源短缺，人均占有耕地水平只有全国的80％，矿产资源潜在价值只有邻省山东的16.9％、山西省的3.5％，但区域条件相对较优，经济基础相对较强，长期以来为国家所做的贡献相对较大。新中国成立后的20多年，国家的建设重点不在东部沿海，对江苏的投资相对较少，但凭借自身独特的区位优势和人文条件，江苏走出了一条自力开发、自主发展、外向开拓、城乡结合的发展道路。江苏依靠农业的原始积累，发展农村工业。1972年，二次产业（主要是工业）增加值的比重才开始超过一次产业（主要是农业）增加值的比重。自20世纪50、60年代萌芽，70年代初步发育，江苏创办了初具实力与规模的社队企业。改革开放以来，社队企业转化为乡镇企业。政府放宽政策限制，对乡镇企业采取了一系列优惠政策，国家调整经济结构，优先发展轻纺工业，为乡镇企业发展提供了宽松的市场环境。江苏抓住有利时机，乘势而上，使乡镇企业"异军突起"。不仅促进了经济发展，促进了工业化，还带动了小城镇建设。伴随着乡镇企业的发展，江苏发展了协作经济，较早走上了依靠市场、城乡结合推进城市化和工业化的发展路子。20世纪60年代中期，江苏召开了第一次城市工作会议，提出了工业支援农业，城市支援乡村，城乡结合，繁荣江苏城乡经济的要求，初步形成了城乡一体的发展格局。80年代初期，江苏召开了第二次城市工作会议，提出了"以城市为中心，小城镇为纽带，以广大农村为基础，发展城乡经济、科技、文化网络"的思路。那时，国家在江苏投资建设力度逐渐加大，江苏利用工农业发展基础较好、中小企业众多灵活的条件，放开搞活省内城乡市场与商品流通，大力发展与省外的物资、经济技术协作，积极组织省内外企业和城乡企业之间各种横向经济联合，引入大量的物资与资金，率先发展城乡企业群体、企业集团，以此为核心，组织专业化协作，在增大城乡经济总量的同时，扩大江苏城乡产品在全国市场的销售，使江苏城乡经济实现了多年的高速增长，走出了有江苏特色的城乡结合发展经济的成功之路。全省经济发展实现了由农业经济向工业化迈进的历史性转变。90年代初，江苏抓住经济全球化的发展机遇，通过兴办各类开发区，吸引国际先进生产要素在城乡集聚，推进国有企业改革，放手发展民营经济，全省城乡发展实现了由内到外，所有制结构由单一到多元的重大转变。

第三节　城乡生态环境治理对策

一、树立正确生态文明道德观

　　城乡生态文明一体化建设，不仅仅是投入和制度建设的问题，在生态文明道德观和消费观方面重建也非常重要。教育是树立生态道德观的必要途径，学校和社会必须把生态道德纳入思想道德教育中，新闻媒体要加大宣传力度，政府和民间组织要开展各种生态文明公益活动，向大众普及生态环境保护基本知识和生态科学规律，树立人与自然平等的价值观，反对向自然资源无限度、无休止地索取和掠夺，重视人对自然的义务，要求摆正人与自然的关系，提高全民族的忧患意识、生态责任意识，承认自然具有内在价值，赋予自然相应的权利，树立人与自然共生共荣、共同发展的价值观。通过宣传形成保护生态环境的社会共识，并最终将这一共识转化为全社会的生态文明共同行动，以真正达成生态文明建设的目标。同时在广大农村，要对农民进行生态知识教育，促使农民从单纯追求经济产值向追求农业生态价值转变，树立农村新的生态价值观念。

二、国家相关部门鼓励与推进

　　在发展生态环境构建人与自然和谐发展之时，中国的环保部门应该逐步协调人类与自然之间的关系，让其实现可持续发展。近年来，中国愈发重视农业，要想实现农业现代化发展，可在发展经济的同时构建生态文明。如中国正在积极推广、建造经济林，鼓励农民合理利用土地资源，在创造财富的同时改善当地生态环境。从经济方面看，农民种植经济林可改善自身的经济状况，并带动运输、包装等第二产业的发展，增加当地农民就业，推动当地的经济发展。从生态意义上，农民大量种植经济林改善当地的生态环境，减少水土流失，改善当地的气候条件，真正实现人与自然和谐发展。加强制度保证，不断创新体制和机制。要不断完善生态建设的推进机制，在党委领导、人大监督、政府组织实施、部门分工协作等方面不断探索机制的完善和制度的创新，为生态建设提供制度保证。要研究建立领导干部生态环保政绩考核制度、离任生态审计制度、绿色国民经济核算制度、战略环境影响评价制度、专家咨询制度和公众参与制度。建立健全环境与发展综合决策机制和重大决策监督机制，避免因决策失误而导致重大环境污染和生态破坏。

三、积极实施城乡生态建设

　　推动城乡建设方式实现绿色转型，对推进生态文明建设、建设美丽中国具有重要意义。在城乡建设管理重点工作上，就是要推进美丽城市建设，开展定期体检评估，实施城市生态修复、功能修补工程；推进绿色建筑、绿色社区创建，推行以钢结构装配式为代表的绿色建造方式；创建绿色宜居美丽乡村，持续推进农村人居环境整治，全面推进农村危房改造；大力推动城乡基础设施补短板，统筹推进重大设施共建共享；开展美好环境与幸福生活共同缔造活动，共同构建生态宜居社区。

第四节　城乡生态环境共生路径

共生理论是关于不同物种的有机体之间的自然联系的理论。由美国生物学家马古利斯（Lynn Margulis，1938—2011）等在"盖娅假说"的基础上提出。认为生命并不像新达尔文主义所假定的那样，是消极被动地去"适应"物理化学环境；相反，生命主动地形成和改造它们的环境；生命有机体与新的生物群体融合的共生，是地球上所发生的进化过程中最重要的创新来源。在当代，透过生物共生现象，人们认识到共生是人类之间、自然之间以及人与自然之间形成的一种相互依存、和谐、统一的命运关系。而城乡统筹下的生态文明建设也是遵循这一理论，自然创造了人类，人类也在不断改变着自然，随着社会不断发展进步，出现了城乡分化，城市与乡村之间也同样存在像人与自然之间这样相互依存、和谐统一的共生关系，二者缺一不可。

一、城乡环境互补共生

一方面是城市和乡村在现代化的进程中产生了相互影响的环境污染，需要共同治理。进入 21 世纪以来，中国加快了城市化的步伐，但相应的城市建设呈现粗放式，尤其是城市基础设施的设计标准远远落后于城市扩张的速度，城市居民集聚而产生的大量生活废水直接向江河排放。城市汽车保有量的迅速增加造成大气污染，由于城市居民大幅增加和居民消费水平的提高导致生活垃圾急剧增加，而且由于城市的生态容量已达极限，城市污染工业企业只好向农村地区转移，以上原因导致城市生活和工业污染物向农村地区转移和扩散的情况显著增加。

二、城乡空间互补共生

新型城镇化作为中国今后一段时期发展战略之一，不是简单地照搬其他国家历史上的城镇化，而是大都市圈和中小城镇并举，这是一种基于总体生态和经济结构合理规划的战略思考规划。中国学者提出，一个区域的城市与乡镇构成城镇群体空间组合，它包括城镇群组的实体空间及城镇间的虚体空间（乡村、生态区域）的地域系统；日本学者提出城市化的"全综规划"，建设自然—空间—人类融合的城镇群体系统。毫无疑问，中国快速的城镇化发展会对农村地区的农业用地、生态空间、自然景观造成冲击，会导致大范围生态破坏，而这种生态系统功能的退化又反过来威胁城市和乡村的生态安全。因此，由政府主导的区域城乡建设规划就很有必要。由于中国人口众多，现阶段国情又要求保持发展不放松，区域发展规划还必须做到兼顾经济发展和生态保护的双重要求。

三、人与自然互补共生

人类社会的发展与进步一直伴随着解决人与自然关系这一基本问题，而处理与解决这一问题的手段与途径也代表了不同时代的发展水平。在经济社会不断发展的同时，也对自然进行了许多破坏性的开发和利用。大规模的围湖造田、无节制的伐木开荒等，导致水土流失、荒漠化严重，生态环境也在一天天恶化。沙尘暴、大洪水等自然灾害的频繁发生，给人民生活带来财力物力损失，无不是自然给予人类的警告。无数次的历史事实与实践证明，人类在从事每一项社会活动中都必须尊重自然规律。自然界本身就存在和蕴含着不可逆转的自然规律，早在100多年前，恩格斯就指出，人类可以通过改变自然来使自然界为自己服务，来支配自然界，但每走一步都要记住，人类统治自然界绝不是站在自然界之外的，对自然界的全部统治力量就在于能够认识和正确地运用自然规律。人类在今后从事每一项生产活动中，都要特别注重"开发与治理并重，环境与发展同步"的自然界发展规律，做到既要埋头苦干，又要抬头看路；既要善于尊重自然，顺应自然，把握客观实际，又要让眼光具有前瞻性、长远性和战略性。

第九章　城乡居民生活质量均等化

党的二十大报告提出，要实现好、维护好、发展好最广大人民根本利益，健全基本公共服务体系，提高公共服务水平，增强均衡性和可及性，扎实推进共同富裕。城乡居民是作为城镇化过程中城乡融合发展研究中的主体要素，在此次河南省城乡居民生活质量均等化研究中具有重要意义。以整个河南省城乡居民为研究范围，选取了人均年消费支出、居民消费水平、人均年可支配收入、居民消费价格指数、就业人员数、人均教育文化娱乐支出和人均医疗保健支出等 7 个关键性指标，从城镇和农村居民生活质量方面入手探究城乡居民生活质量均等化，分析出对其影响权重最大的因素，并给出相应的观点和建议。

第一节　理论概念

一、概念阐释

（一）生活质量

生活质量的概念起源于 20 世纪 30 年代的美国，最初是作为一个社会学指标来使用的。1958 年，美国经济学家约翰·加尔布雷斯（John Kenneth）首先提出了生活质量的概念，其后，国外学者从生活质量涉及不同层面进行研究，比如从经济学角度研究经济发展水平、收入水平与消费水平对生活质量的影响；从社会生活各方面研究其对生活质量的影响。自改革开放以来，中国生产力水平大幅度提高，人们的生活状况得到改善，如何评价并提高人们的生活质量逐渐成为社会各界关注的焦点和社会发展的目标。因此，从 20 世纪 80 年代中期，中国部分学者也开始从事对居民生活质量方面的研究。

生活质量是指一定时期内，在某一国家和地区，人们生活的社会环境和生活保障的状况，是反映人们生活的社会条件在物质方面的具体范畴。周长城把其定义为：建立在一定的物质条件基础之上，社会提高国民生活的充分程度和国民生活需求的满足程度，以及社会全体对自身及其自身社会环境的认同感。生活质量在不同时代的内涵也在不断完善，最初以经济增长与否为生活质量的主要标准，到 20 世纪 70 年代，随着工业化进程的加快，人们不再只关注于经

· 103 ·

济增长，卫生健康领域、生态环境领域、教育领域等方面也逐渐走入人们的视野，成为衡量生活质量的重要指标。

北京市社会科学院对北京市居民的生活质量进行了研究，并在研究中提出生活质量的概念，北京市社会科学院认为：生活质量应该以物质条件为基础，同时包括个人的精神层面。生活质量包含的内容十分广泛，涉及人们生活的方方面面，又可分为以下两类：一类是物质和精神方面，以物质条件为基础，居民对自己生活质量的主观感受为精神方面；另一类是客观和主观方面，客观方面为各个生活条件指标的综合反映，即生活质量的提高主要体现在各个生活条件的改善上，主观方面国内主要采用的是生活质量满意度，指的是个人对自己生活的满足程度，主要是居民对自己生活的主观感受和评价。

（二）城镇居民

居民的定义为固定居住在某一地方的人。城镇居民指有城镇户口、固定的住所、固定的职业、稳定的收入且长期生活在城镇的人。

（三）农村居民

农村居民指在农村地区有农村户口、固定的住所，从事农业生产劳动，以种植业或养殖业、渔业等为主的劳动者。

（四）公共服务均等化

中国于 2015 年首次提出"公共服务均等化"的概念，其核心基础是人人都可以享受公共服务。公共服务的内涵可分为有形的公共产品和无形的公共服务，而中国大多数学者认为二者基本可以等同。在中共中央发布的《关于构建社会主义和谐社会若干重大问题的决定》中提到，中国政府把教育、卫生、文化、就业再就业服务、社会保障、生态环境、公共基础设施、社会治安等列为基本公共服务。"均等化"的本质为社会公平，但由于每个人对于公平的认识不同、感受不同、判断标准也不尽相同，导致人与人之间不可能完全的公平。共享改革发展成果的实质是"享受均等"，但由于城乡之间地区的差异，财政、人员、设备供给不均等客观条件的存在，"供给不均""享受不均"的问题近几年虽已逐步改善，但差距仍无法忽视，特别是城乡间基本公共服务质量差距尤为显著，距离实现均等化这一目标有较大差距。而居民生活质量又与基本公共服务的教育、卫生、文化等领域息息相关，因此研究生活质量均等化与基本公共服务均等化密不可分。

二、理论梳理

（一）需求层次理论

美国心理学家亚伯拉罕·马斯洛认为，人的需要由生理的需要、安全的需要、归属与爱的需要、尊重的需要、自我实现的需要五个等级构成。其中最低层次为生理需要，最高层次为自我实现的需要。马斯洛提出人的需要有一个从低级向高级发展的过程，这在一定程度上与人类需要发展的一般规律相符合，随着社会的不断进步，生活质量的不断提高，人们对满足的要求也更高级。也恰恰说明了当人们满足了最基本的温饱之后，物质基础的提高并不能进一步满足人们的需要，精神层次的满足显得更为重要。马斯洛需求层次理论说明了人的需要都是从低级向高级发展的，符合"需要—满足—上升"这一循环模式。人在满足了基本的需求之后，就要去实现更高的需求和目标，生活质量在最初阶段以满足自身需求为目标，随着生活质量的不断提高，为了满足人们自我更高层次的需求的同时，生活质量也随着需求不断上升。

（二）城镇化理论

城镇化是人口与土地向城镇转变的过程，更是生活方式与价值方式向城镇转变的过程，是经济社会发展的必然结果。城市化一般指人口向城市地区集聚的过程和乡村地区转变为城市地区的过程。城市化是一个人口、经济、社会、文化等方面全面转变的动态的时空过程，是生产方式、生活方式和生活质量全面转变和提高的过程。城市化程度是一个国家经济发展，特别是工业生产发展的一个重要标志，经济发达的工业化国家的城市化程度要远远高于经济比较落后的农业国家，城市化的程度是衡量一个国家和地区经济、社会、文化、科技水平的重要标志，也是衡量国家和地区社会组织程度和管理水平的重要标志。城市化是人类进步必然要经过的过程，是人类社会结构变革中的一个重要线索。中国城市化进程特点为：起步晚、水平中等、速度快。《2012 中国新型城市化报告》中介绍，新中国的城市化发展历程迄今大致包括 1949—1957 年城市化起步发展、1958—1965 年城市化曲折发展、1966—1978 年城市化停滞发展、1979—1984 年城市化恢复发展、1985—1991 年城市化稳步发展、1992 年至今城市化快速发展等 6 个阶段。新型城镇化是以城乡统筹、城乡一体、产业互动、节约集约、生态宜居、和谐发展为基本特征的城镇化，是大中小城市、小城镇、新型农村社区协调发展、互促共进的城镇化。2020 年《国务院政府工作报告》中提出，加强新型城镇化建设，大力提升县城公共设施和服务能力，以适应农民日益增加的到县城就业安家需求。深入推进新型城镇化，发挥中心城市和城市群综合带动作用，培育产业、增加就业。坚持房子是用来住的、不是用来炒的定位，因城施策，促进房地产市场平稳健康发展。完善便民设施，让城市更宜业宜居。

（三）生活质量理论

生活质量是指社会成员生活得好坏与优劣程度，生活质量理论的基本内容是：一方面认为经济的增长是一种消极的矛盾现象，在一定情况下会引起社会的倒退。主张经济增长应当从属于社会发展的长远利益，以适应改善生活质量的要求。另一方面认为平均收入的增长或者人均消费量的增加不是衡量社会状况最重要的指标，主要的指标应该是能够说明人们生活质量的指标，并指出物质福利和消费量增长造成了某些消极后果。因为城乡居民的生活质量具有二元性，所以并不能简单地认为农民的生活质量无条件地低于城市居民。世界各国也越来越重视生活质量问题，无论是发达国家还是发展中国家，都十分重视提高生活质量，将此视为生存价值的体现、国家综合国力的象征，并积极为提高本国的生活质量而努力。提高生活质量正在成为世界性的大趋势，成为实现现代化的重要内容和人类文明进步的重要标志。

三、评价方法

主成分分析首先是由英国数学家和生物统计学卡尔·皮尔逊（Karl Pearson）对非随机变量引入的，而后美国哈罗德·霍特林（Harold Hotelling）将此方法推广到随机向量的情形。主成分分析法是采用降维的思想，将较多的指标转化成几个综合指标，从而减少指标的数量，实现使用较少的变量来解释原来大部分变量的目的，便于处理计算。在将原始变量转变为主成分的过程中，同时形成了反映主成分和指标包含信息量的权数，以计算综合评价值，这样在指标权重选择上克服了主观因素的影响，有助于保证客观地反映样本间的现实关系。用主成分分析法确定权数有以下两个优点：第一，消除评价指标之间的相关影响；第二，成分分析中各主成分是按方差大小依次排列顺序的，在分析问题时，可以只取方差较大的几个主要成分来代表原变量，从而简化计算过程。

第二节　河南省城乡居民生活质量现状

近年来，河南省全面贯彻党的十九大和十九届二中、三中、四中全会精神，坚持稳中求进工作总基调，坚持新发展理念，坚持以供给侧结构性改革为主线，扎实做好"六稳"工作，奋力推动高质量发展。全省经济社会发展呈现总体平稳、稳中有进的良好态势，全面建成小康社会取得新的重要进展。

一、综合状况

2021年全省地区生产总值 58 887.41 亿元，比 2020 年增长 6.3%，两年平均增长 3.6%。其中，第一产业增加值 5 620.82 亿元，比 2020 年增长 6.4%；第二产业增加值 24 331.65 亿元，增长 4.1%；第三产业增加值 28 934.93 亿元，增长 8.1%。三次产业结构为 9.5∶41.3∶49.1。全年人均地区生产总值 59 410 元，比 2020 年增长 6.4%。

2021 年年末全省常住人口 9 883 万人，其中城镇常住人口 5 579 万人，乡村常住人口 4 304 万人；常住人口城镇化率为 56.45%，比 2020 年年末提高 1.02 个百分点。全年出生人口 79.3 万人，人口出生率为 8.00‰；死亡人口 73.0 万人，人口死亡率为 7.36‰；自然增加人口 6.3 万人，自然增长率为 0.64‰，详见表 9-1。

表 9-1　2021 年年末人口数及构成

指标	年末人口数（万人）	比重（%）
河南省常住人口	9 883	100.00
♯ 城镇	5 579	56.5
乡村	4 304	43.6
♯ 男性	4 966	50.3
女性	4 917	49.8
♯ 0～14 岁	2 358	23.9
15～60 岁	5 742	58.1
60 岁及以上	1 783	18.0

2021 年全省城镇新增就业人员 125.39 万人，城镇失业人员再就业 40.46 万人，就业困难人员就业 13.84 万人，2021 年年末城镇登记失业率 3.40%。新增农村劳动力转移就业 47.63 万人，新增返乡下乡创业 20.23 万人。农村劳动力转移就业总量 3 134.33 万人，其中省内转移 1 878.36 万人，省外输出 1 255.97 万人。在政府的大力扶持下，就业人员数量大幅增长，与此同时，政府对农村的劳动力就业越来越重视与支持。

2021 年全省居民消费价格比 2020 年上涨 0.9%。商品零售价格上涨 1.5%。工业生产者出厂价格上涨 7.8%，工业生产者购进价格上涨 9.5%，农产品生产者价格下降 2.0%，详见表 9-2。

2021 年全省财政总收入 6 611.24 亿元，比 2020 年增长 5.3%。一般公共预算收入 4 347.38 亿元，增长 4.3%，其中税收收入 2 842.52 亿元，增长 2.8%，占一般公共预算收入的比重 65.4%。一般公共预算支出 10 419.86 亿元，增长 0.5%。全省金融机构人民币各项存款余额 82 430.22 亿元，比 2020 年年末增长 7.8%，其中境内住户存款余额 51 767.01 亿元，增长 12.4%；人民币各项贷款余额 69 444.62 亿元，增长 10.5%，其中境内住户贷款余额 29 120.01 亿元，增长 11.6%。

表 9-2 2021 年居民消费价格指数

类别	指数
居民消费价格指数	100.9
♯ 城市	101.0
农村	100.8
♯ 食品烟酒	100.2
♯ 粮食	101.7
鲜菜	110.8
畜肉	82.0
蛋类	115.4
鲜瓜果	103.4
衣着	99.4
居住	100.7
生活用品及服务	100.0
交通和通信	102.8
教育文化和娱乐	103.5
医疗保健	100.4
其他用品和服务	98.2

二、基本水平

2021 年河南省居民人均可支配收入 26 811 元，比 2020 年增长 8.1%。按常住地分，城镇居民人均可支配收入 37 095 元，增长 6.7%；农村居民人均可支配收入 17 533 元，增长 8.8%。城乡居民人均可支配收入比值为 2.12，比 2020 年缩小 0.04。2021 年全省居民人均消费支出 18 391 元，比 2020 年增长 13.9%。按常住地分，城镇居民人均消费支出 23 178 元，增长 12.3%；农村居民人均消费支出 14 073 元，增长 15.3%。

2020 年，河南省累计实现 651.1 万人农村贫困人口脱贫、9 484 个贫困村退出，贫困发生率下降至 0.41%。截至 2021 年 11 月底，全省脱贫人口、农村低收入人口外出务工 227.1 万人，较 2020 年年底增加 21.7 万人；全省实施产业项目 5 842 个，惠及脱贫人口和监测对象 146 万户。初步统计，2021 年全省脱贫户年人均纯收入达到 14 379 元，较 2020 年增长 10.2%。

第三节　河南省城乡居民生活质量实证分析

本研究的数据形式是一个跨越 18 年时期的面板型数据。以往的各种评价方法要么仅适用于同一时期的截面数据，要么适用于单一评价主体的多个时期，对面板数据进行综合评价的方法目前并不多见，且本节涉及城市和乡村两部分的数据，因此，本研究中选择使用时序全局主成分法（GPCA）考察近 18 年城乡居民生活质量的统筹情况。

一、评价方法

（一）时序全局主成分法

时序全局主成分分析法是经典的主成分分析法和时间序列分析方法的结合，它是在经典的主成分分析法的基础上，用一个综合变量取代原有的全局变量，同时描绘出系统的总体水平随时间的变化轨迹。具体来说，时序全局主成分分析法是一种时序全局主成分，是一种 $x_j = (x^1_{1j} \cdots x^1_{nj}, \; x^2_{1j} \cdots x^2_{nj}, \; x^T_{1j} \cdots x^T_{nj})' \in R^{Tn}$ 能对多主体多时间段的多个变量进行分析的方法。设时序立体数据表 K 是一组按时间堆栈的平面数据表，且所有的数据表有完全相同变量和样本，则有：$K = \{x^t \in R^{n@chp}, \; t = 1, 2 \cdots\}$，$T$，$X^t$ 均以 e_1，$e_2 \cdots e_n$ 为样本点，以 x_1，$x_2 \cdots x_n$ 为变量指标。在时刻数据表 X_t 中，样本点 e_1，$e_2 \cdots e_n$ 的取值分别为 e^t_1，$e^t_2 \cdots e^t_n$，则时刻的样本群点为 $N^t_1 = \{e^t_1 i = 1, 2 \cdots n\}$，全局样本群点为 $N_1 = \bigcup_{t=1}^{T} N^t_1$。全局

数据表 X 表示可记为 $X = \begin{bmatrix} X_1 \\ X_1 \\ \cdots \\ X_1 \end{bmatrix} = (x^t_{ij})_{Tn*P}$ 设全局变量为 x_j，$x_j = (x^1_{1j} \cdots x^1_{nj},$

$x^2_{1j} \cdots x^2_{nj}, \; x^T_{1j} \cdots x^T_{nj})' \in R^{Tn}$。

全局方差为 $S^{2F_h}_j = \mathrm{Var}(x_j) = \sum_{t=1}^{T} \sum_{I=1}^{t} P^t_i (x^t_{ij} - \overline{x_j})^2$。

全局协方差为 $S_k = \mathrm{Cov}(x_j, x_k) = \sum_{t=1}^{T} \sum_{I=1}^{t} P^t_i (x^t_{ij} - \overline{x_j})(x^t_{xj} - \overline{x_k})$，由此构

成全局协方差阵 $V(J_{jk})_{P*P} = \sum_{t=1}^{T} \sum_{I=1}^{n} P_i^t (e_i^t - g)(e_i^t - g)$。

对于给定的度量矩阵 M，求 VM 的前 m 个特征值，有 $\lambda_1 \geqslant \lambda_2 \geqslant \cdots \lambda_m$，设对应的特征向量称为全局主轴，记：$F_h(t, i) = (e_i^t - g) \cdot M u_h$，$F_h = (F_h(1, 1), \cdots, F_h(1, n), \cdots, F_h(T, I), \cdots, F_h(T, n)) \cdot \in R^{Tn}$。称为第 h 全局主成分，它由群点 N_1 在主轴 u_h 上的投影而成。

（二）计算步骤

将原始数据标准化，并且得到它的相关系数矩阵；检验数据集是否适用时序全局主成分分析法；求出全部主成分得分矩阵，以及特征值和特征向量矩阵；根据实际要求选取出可用主成分写出综合主成分表达式，计算综合主成分得分，绘制变化轨迹图。

二、指标选取

将城镇和农村居民纳入到同一体系中进行比较研究给指标的选取带来了较大困难。不但要找到统计口径相同的指标，还要找到有代表性的，能够反映城乡居民生活质量"基石"的公共指标。最终从物质保障、物价水平、就业状况、教育状况、医疗状况等方面，根据指标的可得性和统计口径的同一性，选取了人均年消费支出、居民消费水平、人均年可支配收入、居民消费价格指数、就业人员数、人均教育文化娱乐支出、人均医疗保健支出等 7 个核心指标 2000—2017 年的数据进行分析。

三、数据分析

本节运用统计软件 SPSS，对河南省城乡居民生活质量相关的人均年消费支出、居民消费水平、人均年可支配收入、居民消费价格指数、就业人员数、人均教育文化娱乐支出、人均医疗保健支出等 7 个关键性指标的 2000—2017 年 18 年的数据进行了分析。通过依次组建全局时间序列表、样本的标准化处理和 KMO 及 Bartetlett 球形度检验等步骤，得到分析结果见表 9-3、表 9-4。

表 9-3　KMO 和 Bartetlett 检验（城市）

KMO 取样适切性量数		0.864
Bartetlett 球形度检验	近似卡方	336.919
	自由度	21
	显著性	0.000

表 9 - 4　KMO 和 Bartetlett 检验（农村）

KMO 取样适切性量数		0.573
Bartetlett 球形度检验	近似卡方	329.258
	自由度	21
	显著性	0.000

根据 KMO 样本适合度测试可以看出，城市指标之间偏相关系数的 KMO 统计量>0.7，说明选取的指标之间共同的因素比较多；同时 Bartetlett 球形度检验结果显著<0.01 拒绝原假设，说明各指标间取值相关。不同的一点是农村指标之间偏相关系数的 KMO 统计量<0.7，说明选取的指标之间共同的因素并不是很多；但是，Bartetlett 球形度检验结果显著<0.01 拒绝原假设，说明各指标间取值相关。此时，可以看到，城市指标进行主成分分析是没有问题的，而农村指标的偏相关系数的 KMO 统计量是小于 0.7 的，所以需要进行下一步的特征值与累计方差贡献率的检验。

表 9 - 5　总方差解释（城市）

成分	初始特征值			提取载荷平方和		
	总计	方差百分比	累积（%）	总计	方差百分比	累积（%）
1	5.900	84.283	84.283	5.900	84.283	84.283
2	1.008	14.398	98.680	1.008	14.398	98.680
3	0.068	0.978	99.658			
4	0.013	0.183	99.841			
5	0.009	0.135	99.976			
6	0.001	0.019	99.994			
7	0.000	0.006	100.000			

提取方法：主成分分析法。

表 9 - 6　总方差解释（农村）

成分	初始特征值			提取载荷平方和		
	总计	方差百分比	累积（%）	总计	方差百分比	累积（%）
1	5.114	73.063	73.063	5.114	73.063	73.063
2	1.419	20.267	93.330	1.419	20.267	93.330
3	0.437	6.237	99.567			

（续）

成分	初始特征值			提取载荷平方和		
	总计	方差百分比	累积（％）	总计	方差百分比	累积（％）
4	0.022	0.320	99.887			
5	0.006	0.091	99.978			
6	0.001	0.021	99.999			
7	6.881E-5	0.001	100.000			

提取方法：主成分分析法。

主成分分析结果显示，城市和乡村的特征根＞1的主成分都有2个，解释精度（累计方差贡献率）分别为98.68％和93.33％，结果是远大于经验值85％，所以可以认为基本上完全保留了原始数据的信息，故用此前两个主成分来代替原有7个指标。以上同时也证明了城市和乡村两个数据集适合进行主成分分析，见表9-5和表9-6。

从图9-1碎石图可以看出，城市居民前两项趋势较为明显，都大于1，从第三项开始比较平缓，说明前两项数据具有显著性，可以作为主成分数据，代表各项指标。同时，也验证了前面所阐述的内容，农村的亦是如此（图9-2）。

根据得到的系数并结合表9-5、表9-6的特征根值，可以分别计算出各主成分得分如表9-7、表9-8所示。

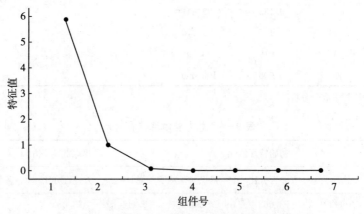

图9-1　城市居民指标主成分分析碎石图

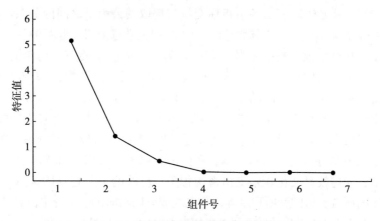

图9-2　农村居民指标主成分分析碎石图

表9-7　成分得分系数矩阵（城市）

	成分	
	1	2
Zscore 人均年消费支出（元）	0.169	0.023
Zscore 居民消费水平（元）	0.169	0.010
Zscore 人均年可支配收入（元）	0.169	0.029
Zscore 居民消费价格指数（上年＝100）	0.012	0.989
Zscore 就业人员数（万人）	0.167	−0.094
Zscore 人均医疗保健支出（元）	0.167	0.012
Zscore 人均教育文化娱乐支出（元）	0.166	−0.052

提取方法：主成分分析法。

表9-8　成分得分系数矩阵（农村）

	成分	
	1	2
Zscore 人均年消费支出（元）	0.195	−0.018
Zscore 居民消费水平（元）	0.195	−0.024
Zscore 人均年可支配收入（元）	0.195	0.005
Zscore 居民消费价格总指数	−0.009	0.635
Zscore 就业人员数（万人）	0.093	0.524
Zscore 人均医疗保健支出（元）	0.194	−0.033
Zscore 人均教育文化娱乐支出（元）	0.187	−0.157

提取方法：主成分分析法。

成分得分系数矩阵表示各项指标变量与提取的公因子之间的关系，在某一公因子上得分越高，表明该指标与该公因子之间关系越密切。由表9-7、表9-8可以看出，在城市成分得分系数矩阵中，第一主成分主要与人均年消费支出、居民消费水平、人均年可支配收入、就业人员数、医疗保健支出、人均教育文化娱乐支出密切相关，反映的主要是物质保障、就业状况、医疗状况以及休闲所占支出的紧密程度等；第二主成分则与居民消费价格指数有较大的相关度，反映城市居民在物价水平等方面的生活质量。而在农村成分得分系数矩阵中，第一主成分主要与人均年消费支出、居民消费水平、人均年可支配收入、医疗保健支出、人均教育文化娱乐支出密切相关，反映的主要是物质保障、医疗状况以及休闲所占支出的紧密程度等；第二主成分则与居民消费价格指数和就业人员数有较大的相关度，反映城市居民在物价水平、就业状况等方面的生活质量。

由此，依据城市居民生活质量主成分得分系数矩阵，写出前两个主成分的线性组合表达式为：

$F_1 = 0.169ZX_1 + 0.169ZX_2 + 0.169ZX_3 + 0.012ZX_4 + 0.167ZX_5 + 0.167ZX_6 + 0.166ZX_7$

$F_2 = 0.023ZX_1 + 0.01ZX_2 + 0.029ZX_3 + 0.989ZX_4 - 0.094ZX_5 + 0.012ZX_6 - 0.052ZX_7$（其中，$ZX_i$ 是 X_i（$i = 1, 2, \cdots, 18$）的标准化变量）

通过运算，可以得出河南省城市居民2000—2017年生活质量水平主成分得分，详见表9-9。

表9-9　2000—2017年河南省城市居民生活质量水平的主成分得分

	2000年	2001年	2002年	2003年	2004年	2005年
第一主成分 F_1	−1.182 46	−1.140 07	−1.045 1	−0.958 87	−0.860 36	−0.766 78
第二主成分 F_2	−1.396 15	−0.670 41	−1.071 64	−0.218 18	1.431 62	−0.052 82
综合主成分 ZF	−1.213 65	−1.071 56	−1.048 98	−0.850 81	−0.525 96	−0.662 62

	2006年	2007年	2008年	2009年	2010年	2011年
第一主成分 F_1	−0.673 07	−0.484 89	−0.307 87	−0.190 62	0.018 66	0.275 42
第二主成分 F_2	−0.455 61	1.430 94	1.935 7	−1.527 76	0.533 05	1.392 69
综合主成分 ZF	−0.641 35	−0.205 36	0.019 477	−0.385 72	0.093 713	0.438 439

	2012年	2013年	2014年	2015年	2016年	2017年
第一主成分 F_1	0.529 13	0.898 54	1.079 2	1.373 46	1.602 73	1.832 87
第二主成分 F_2	0.126 51	0.178 22	−0.234 08	−0.580 44	−0.321 17	−0.500 46
综合主成分 ZF	0.470 391	0.793 45	0.887 664	1.088 388	1.322 038	1.492 442

根据河南省城市居民的生活质量水平的动态轨迹表明（图9-3），整体来看，从2000—2017年，河南省城市居民的生活质量水平是持续提升的。值得注意的一点是，只有在2004年和2008年生活质量水平有所下降，原因可能是这两年正当国家大力扶持农村发展的重要阶段，一些好的政策和设施向农村倾斜，所以城市居民生活质量会有小幅的下降。

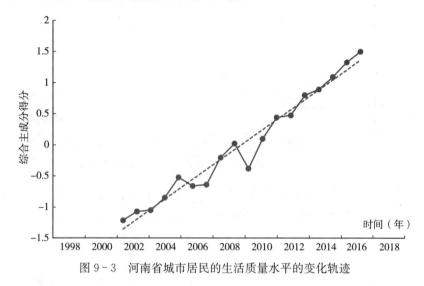

图9-3　河南省城市居民的生活质量水平的变化轨迹

同理可证，依据农村居民的生活质量主成分得分系数矩阵，写出前两个主成分的线性组合表达式为：

$F_1 = 0.195ZX_1 + 0.195ZX_2 + 0.195ZX_3 - 0.009ZX_4 + 0.093ZX_5 + 0.194ZX_6 + 0.187ZX_7$

$F_2 = -0.018ZX_1 - 0.024ZX_2 + 0.005ZX_3 + 0.635ZX_4 + 0.524ZX_5 - 0.033ZX_6 - 0.157ZX_7$（其中$ZX_i$是$X_i$（$i=1$, 2, …, 18）的标准化变量）。

从图9-4河南省农村居民的生活质量水平动态轨迹表明，从整体来看，从2000—2017年，河南省农村居民的生活质量水平是持续提升的。但是，在2008年农村生活质量水平有一个明显的下降，原因是在2008年政府因建设发展需要在农村征收土地，对农村居民来说，相当于减少了一个收入来源，可能造成生活质量水平的下降。

把城市和乡村综合主成分的变化轨迹放在一个表中，如图9-4、图9-5所示，两条轨迹的趋势基本上是一致的。但也明显地分为四个阶段，2000—2002年、2005—2009年，农村居民的生活质量水平高于城市，2002—2005年、2012—2017年，城市居民的生活质量水平高于农村。还有一点，也能看

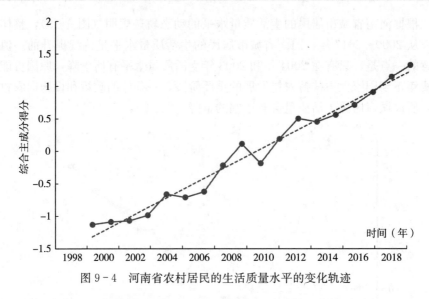

图9-4 河南省农村居民的生活质量水平的变化轨迹

出在 2012 年前，城乡居民的生活质量水平差距没有那么明显，而在 2012 年以后，城乡差距呈增大趋势。城乡差距也一直是政府关注的问题。

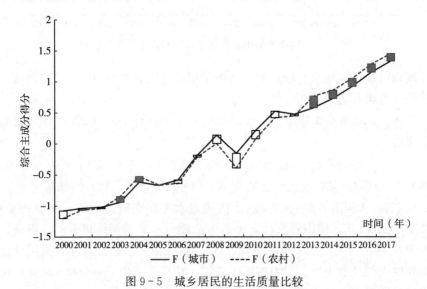

图9-5 城乡居民的生活质量比较

第四节　城乡居民生活质量均等发展策略

通过把河南省连续 17 年的城市和农村居民置于同一指标体系中进行生活

质量水平的评价和分析，真实地看到了生活质量的城乡巨大差距以及在2000—2017年的18年中的城乡经济社会发展水平和趋势。无论是提高国家经济水平，还是改善社会医疗、卫生、教育制度，最终在居民身上都将体现为生活质量的进步。然而，城乡"二元分割"已严重制约了这种进步的提升，为破解这个全局性难题，中国必需进一步统筹城乡区域协调发展：一方面加快城镇化进程；另一方面加大农村建设的力度，要双轮驱动，互促共进；同时完善社会保障、改善民生，推进城乡的基本公共服务均等化。这也是中国政府在应对国际金融危机、破解科学发展难题取得阶段性成果之际做出的重大战略部署。

一、加快农村经济发展

（一）加强脱贫攻坚与乡村振兴统筹衔接

2019年《国务院政府工作报告》中提出，对标全面建成小康社会任务，扎实推进脱贫攻坚和乡村振兴。河南省政府要继续坚决贯彻落实党的政策，扎实推进脱贫攻坚和乡村振兴，坚持农业农村优先发展，加强脱贫攻坚与乡村振兴统筹衔接，确保如期实现脱贫攻坚目标、农民生活达到全面小康水平，坚持农业农村优先发展，加强脱贫攻坚与乡村振兴统筹衔接，稳步提升河南省农村居民的生活质量。

（二）推进农业供给侧结构性改革

要着眼于加快发展农业现代化步伐，加快转变农业发展方式，加快农业技术创新步伐。要以市场需求为导向调整完善农业生产结构和产品结构，以科技为支撑，走内涵式现代农业发展道路，以家庭农场和农民合作社为抓手发展农业适度规模经营。要推行绿色生产方式，加大农村环境突出问题综合治理力度，向开发农业多种功能要潜力，发挥三产融合发展的乘数效应，抓好农村电商、休闲农业、乡村旅游等新产业、新业态。

（三）加强培育农村新型人才

培养大批有文化、懂技术、会经营的新型农民是实施乡村振兴战略的关键。加大农业职业教育和技术培训力度，应因地制宜，协调本地新型农业经营主体参与培训工作，以吸引年轻人务农、培育职业农民为重点，加快构建职业农民队伍，形成一支高素质农业生产经营者队伍，为农业现代化建设提供坚实人力基础和保障。要推动乡村人才振兴，把人力资本开发放在首要位置，在政策制定上予以倾斜，加快培育新型农业经营主体，让愿意留在农村、建设家乡的人留得安心，让愿意上山下乡、回报农村的人更有信心，激励各类人才在农村广阔天地大施所能、大展才华、大显身手，打造一支强大的乡村振兴人才队伍。

（四）加大农村医疗卫生事业的投入

政府要加大对农村医疗方面的资金投入，改善河南省乡村医疗环境设施。同时，也要鼓励高水平医疗人才加入到农村医疗建设的事业当中去，为乡村医疗人才注入新的活力。同时政府也应该不断普及医疗知识，引导民间资本投入医疗事业中，加强医疗人员的素质水平，不断提高河南省城乡居民医疗健康水平。

二、不断优化就业结构

70 年来，河南省在就业方面的城乡结构、产业结构、所有制结构要不断优化，使就业人员的受教育水平大幅度提高。1949 年，全省城镇就业人员只有 33 万人，仅占全省就业人员的 2.1%，绝大部分劳动者在乡村就业。随着国民经济的逐步恢复，特别是工业化进程的加快，在城镇大量失业人员得到安置的同时，也吸引了大量的农村劳动力到城镇就业。1978 年，全省城镇就业人员达到 423 万人，城镇就业人员占比达 15.1%，比 1949 年提高了 13.0 个百分点。改革开放后，极大地解放和发展了生产力，释放了劳动力市场的活力，随着经济的持续、快速发展和城市化进程的不断加快，城镇就业人员迅速增加。2020 年全省城镇就业人员已经达到 2 591 万人，占就业人员的比重达到了 53.05%，比 1949 年提高了 50.95 个百分点，比 1978 年提高了 37.95 个百分点。城镇就业岗位的快速增长，带动了农村富余劳动力不断向城镇转移，使乡村就业人数占全省就业人数的比重从 1979 年的 82.8% 下降到 2020 年的 46.95%。

三、持续增加居民收入

改革开放以来，城乡居民的生活质量总体上都有了较大水平提升，与国家政策的提出有紧密关系。党的十八大报告首次正式提出全面建成小康社会，统筹推进经济建设、政治建设、文化建设、社会建设、生态文明建设，而居民的生活质量又与这五个方面息息相关。增加民生收入，在经济增长的同时实现居民收入同步增长，提高劳动报酬、促进居民消费、保障和改变民生、提高居民收入水平，是提升居民生活质量的有效途径之一。

总之，促进城乡区域统筹发展，提高城乡居民总体生活质量是一个复杂而艰巨的系统工程，关系到国民经济和社会的稳定发展，需要长期坚定不移地坚持。

第十章　城乡居民主观幸福共享化

　　二十大报告中明确提出，必须坚持在发展中保障和改善民生，鼓励共同奋斗创造美好生活，不断实现人民对美好生活的向往。2019 年 4 月，在中央财经委员会第四次会议《关于全面建成小康社会补短板问题》文件中指出，衡量全面小康社会建成与否，既要看量化指标，也要充分考虑人民群众的实际生活状态和现实获得感。2020 年第 11 期《求是》杂志发表，同样指出了全面建成小康社会补短板问题。全面建成小康社会，其宗旨是为了实现人民对美好生活的向往，让人民群众拥有更多获得感、幸福感、安全感。城乡居民是作为城镇化过程中城乡融合发展研究中的主体要素，他们的主观幸福感是本章研究的重点。本章以全国和河南省城乡居民为研究对象，选取城市人群和农村人群，从文化水平、身体状况、性别、年龄等方面入手探究城乡居民主观幸福感，分析出对其影响权重最大的因素，并给出相应的观点和建议。

第一节　居民主观幸福感研究的
"三个回归"

　　追求幸福是人们永恒不变的主题，每一个人都渴望得到幸福，无论是心理上还是生理上，但由于世界观或者价值观的不同，居民对幸福的定义也有很大的差距，有些是对平稳生活的追求，有些是对金钱与地位的追求，而主观幸福感则是居民对生活质量的一个总体的评价，主观幸福感的体会在于个人，个人的性格、家庭和所处的环境都对他的主观幸福感有着重要的影响，虽然每个人的主观幸福感的感受和建议不同，但都一致地认为主观幸福感对于社会的发展方向有着重要的引导作用。

　　近些年来，随着经济的发展和人们物质文化的上升，居民对生活质量有了更高的追求，而居民的主观幸福感研究成为广大学者的研究和讨论的热门话题，主观幸福感研究立足于积极情感，是对人本主义理念在当代心理学中的体现，对于提高居民生活质量、增加物质文化建设、提升居民身心健康以及构造和谐社会有着重要的意义。

一、理论回归

主观幸福感的研究范围涉及社会学、心理学、经济学等领域，同时也是众多学者所关注的研究领域，主观幸福感的研究兴起于第二次世界大战之后的西方国家，然后逐渐被国内的学者所关注，并成为热门的研究话题。

（一）首次提出并定义了幸福感

在最早的时候，苏格拉底提出"追求善是获得幸福的保障"，由亚里士多德和柏拉图将其逐步完善后，提出"幸福感的最高境界就是善，能实现善就能获得幸福"，并将人分为三种，分别指出不同的人对幸福的不同理解。布拉德伯思（Bradburn，1969 年）从心理层面定义了幸福感，他认为幸福感是正向情绪与消极情绪的相互制衡，但人们一般多感受到正向情绪，极少感受到消极情绪。1976 年，Andrews & Withey 发展了 Bradburn 的理论，除此之外，还提出幸福感就是个体正向情绪和消极情绪的权衡，以及整体对生活满意度的感知。Lucasetel（1996），Lucas（2001）提出了类似观点。1985 年，Deci 和 Ryan 认为幸福感是个体满足自身各种需要后的心理感受。沃尔（Warr，1987）将幸福感定义到具体企业中，定义了员工幸福感，认为员工幸福感即员工对自身工作经历和职责的整体质量评价。德克森（Dirsken，1990）提出幸福感，即个体对所发生的事情的体会与感受。

（二）划分幸福感与快乐的差距，并再次定义幸福感的含义

在 1993 年，Waterman 从心理幸福感出发，界定了幸福和快乐的差别，认为单纯的快乐并不能说明一个人的幸福，而认为个体的发展、自我价值实现的程度以及实现生活的意义，才是幸福感。1994 年，Vee - hoven 认为幸福感是个体对生活的喜爱与满意程度，是一种正向的情感状态。1998 年，Ryff 和 Singer 认为幸福感表现的是个体与真实自我之间的相互协调，最终在行为上体现出自己的真实潜力。李骁军（1996）将幸福感分为瞬间的和连续的幸福感两种，认为当个体刚刚获得自己所期望的东西时所体会到的感觉是瞬间幸福感，而个体在相对比较长的一段时间内体会到的幸福感是连续幸福感。

（三）提出主观幸福感一词

1999 年，Dienner 首次提出主观幸福感，认为主观幸福感即个体对生活的情感体验和认知评价。同年，Kubovy 认为幸福感主要由个体的主观快乐构成，通过对生活中发生的事情的好坏进行判断，进而产生的愉快或悲伤的情感体验。到了 20 世纪中期以后，美国政治心理学家罗伯特·莱恩（Robert E. Lane）认为收入与幸福感呈倒 U 形线性关系，并将幸福感分为心理幸福感和主观幸福感。

（四）研究居民主观幸福感的影响因素

池丽萍等（2002 年）将幸福感看作是个体感受到的生活质量的心理参数。万黎等（2004）将幸福感与人格特质联系起来，认为主观幸福感是健全人格的因素之一，是一种人格特质。李焰等（2005）提出，主观幸福感是个体心理健康与否的一种评价，并着重强调心理健康层面的正面评价。高红英等（2006）提出主观幸福感是个体根据自己内化了的社会标准，对自己生活质量的一种评估，并通过对比表现出的一种积极情绪的心理状态。

二、背景回归

在研究居民主观幸福感的过程中出现了众多理论，将理论分为两大类：一类是以外在标准定义的主观幸福感理论；另一类是以内在情绪定义的主观幸福感理论。

（一）以内在情绪定义的主观幸福感理论

在对于幸福感的研究中，对于内在情绪定义的主观幸福感理论最明显的为目标理论和马斯洛需求层次理论。目标理论认为当人们通过自身努力使得自身需求得到满足，个人目标得以实现，个体就能获得幸福感。同时，实现目标的难易程度也决定着个体幸福感的程度，若实现目标的难度过大，使个体难以实现，则个体很难获得幸福感；而若实现目标太过容易，个体也很难获得较高幸福感。由此，个人目标和自身价值的不同也造成了不同个体获得幸福感的程度不同。而由此为基础，马斯洛提出了需求层次理论，将人的需求由低到高分为了生理需求、安全需求、归属与爱需求、尊重需求、自我实现需求，并认为在需求从低级到高级实现的过程中个人体会到的幸福感程度也会逐步升高。

（二）以外在标准定义的主观幸福感理论

以外在标准定义的主观幸福感理论有活动理论、判断理论、动力平衡理论等。活动理论是指主观幸福感不是来自活动目标的实现而是来自活动本身。亚里士多德（Aristole）认为有价值的活动产生快乐。流溢论认为当人们投入到难度适宜的活动中时，会产生幸福的感觉。判断理论认为主观幸福感源于自身条件与既定标准的比较，若自身条件比既定标准高，则产生的主观幸福感高；若自身条件比既定标准低，则产生的主观幸福感低。既定标准不同，对幸福感影响也不同。社会比较理论是按照社会既定标准将自己与他人做比较，产生主观幸福感；消极悲观的人倾向于向上比较，经常处于比较平和的状态。适应理论是将现在的生活与过去的生活做比较，如果优于过去生活，就会增加幸福感；反之，则降低幸福感。但上述理论对主观幸福感只能做出部分解释，都存在不足。最终又有学者提出动力平衡理论，动力平衡理论则是通过综合人格理论和判断理论，认为每个人以稳定的人格特点为基础，都有一套平衡的生活事件水平和平衡的主观幸福感水平。生活中任何事件都可能对主观幸福感产生影响。

三、历程回归

（一）以改革开放为划分对象的演变历程

自新中国成立以来，经历了重大的历史变迁与社会转型。在这样的背景下，以主观幸福感的变化趋势为研究中国居民如何提高生活质量提供了一个重要的视角和方向。

1. 改革开放之前。 改革开放之前，影响居民幸福感的主要因素是政治忠诚、宗族和家庭。中国社会依旧是建立在原有的以"熟人社会"为基础的"关系"本位社会，生产活动基本以家庭、宗族为单位，个人利益服从集体利益，家族关系的稳定对居民的幸福感影响深远。但是，随着社会发展的快速变迁原本延续已久的"熟人社会"瓦解，人们产生了相对剥夺感等消极情绪影响，逐渐形成了人们对于经济文化迅速发展的需要，同当前经济文化不能满足人们需要的状况之间的社会矛盾。

2. 改革开放早期。 随着中国社会和经济的转型，"熟人社会"逐渐瓦解。1978年党的十一届三中全会拉开了经济改革的帷幕。社会主义初级阶段的主要矛盾，表现为人民日益增长的物质文化需要同落后的社会生产之间的矛盾。这个主要矛盾决定了的根本任务是集中力量发展社会生产力。在这一阶段，绝对贫困和落后、经济不满是影响幸福感的主要因素。

这一时期中国的居民幸福感受到经济快速发展的影响，伴随着越来越多的人获得了财富，"万元户""个体户"时刻激励着居民将原本改革开放之前对政治转变的关注转变为对经济发展的关注。但与此同时伴随着贫富差距的拉大，人们受到失范和主观无力感的影响也愈加明显。

3. 全面建成小康社会前期（或者说是当前历史时期）。改革开放以来，随着社会主义市场经济体制的确立和逐步完善，中国社会取得了辉煌成就，人们的生活水平得到了显著提高，人民的幸福感水平也逐步回升，但是，伴随着社会快速发展所带来的弊端也愈发难以忽视，中国社会贫富差距进一步加大，社会发展的矛盾也由人民日益增长的物质文化需要同落后的社会生产之间的矛盾转变为人们日益增长的美好生活需要和不平衡不充分的发展之间的矛盾。因此，在这一阶段，相对收入和相对剥夺感是影响幸福感的主要因素。

4. 全面建成小康社会时期。 随着历史进程的进一步推进，在全面建成小康社会之后，居民对于诸如自由和民主的关注则会凸显出来。对社会信任、民主、自由等社会资本的追求是影响幸福感的主要因素。这些追求不仅需要经济建设，还离不开政治建设、文化建设、社会建设、生态文明建设。

信任、制度与政治结构对于生活满意度颇具影响。生活在民主的环境中的人们会感到更幸福。这同时意味着，人们的价值变迁与马斯洛需求层次理论的逻辑是一致的，在较高的物质需求得到满足后，人们对民主政治的需求将对幸福感产生较大的影响。事实上，前文所述的"失意的成功者"现象往往出现在某个经济体经济快速增长的阶段，待增长稳定、社会治理提升，进而贫富差异开始缩小时，这一效应会逐渐消失。正如 2000 年，Veenhoven 发现，经济自由在低收入国家对幸福感的影响更大，而政治自由在高收入国家对幸福感的影响更大。在 2002 年，Frey 等则发现民主参与与幸福感存在显著的正相关关系。

（二）以年份为划分对象的演变历程（1990—2017 年）

1990—2007 年中国居民主观幸福感呈现 U 形曲线，转折点为 2001 年。

2005—2001 年为中国居民幸福感的转折点，低谷出现，可能与贫富差距大和 SARS 疫情暴发有关。

2003—2017 年中国居民主观幸福感总体水平呈现上升趋势（图 10-1）。

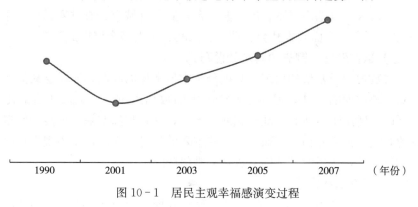

图 10-1　居民主观幸福感演变过程

第二节　城乡居民主观幸福感实证分析

主观幸福感是人对生活的直接感觉，人的愿望则通过改变内在或者外在因素来提高自身的主观幸福感，所以人的一切行为则是通过自身努力、改变环境以及提高生活质量从而提升自己的幸福感。随着经济的发展和科技的进步，许多国家已经不再把经济发展作为社会发展的衡量指标，而是将居民的精神生活和心态感受以及经济发展共同作为社会发展的衡量指标，并且在宏观上，许多国家将 CNH（国民幸福总值）替代 GDP（国民生产总值）来衡量一个国家或者地区的社会发展和生活水平质量，所以不仅仅对于个人，如何提高居民的主观幸福感也成为了国家在发展中所要特别重视的问题。在这样的宏观背景下，使得居民的主观幸福感受到了广泛的关注，成为了多领域所关注的重点。

幸福感是人们对生活质量和社会发展趋势的一个主观性的评价，也是人们对生活的价值判断和现实判断，所以对于个人而言，提高幸福感是人生的终极目标；对于国家而言，提高幸福感是国家发展的重中之重。因此，居民主观幸福感的影响因素也就成为了众多领域所关注的一个话题。本节通过对以往文献的搜集与研究，筛选出对居民主观幸福感具有一定影响的因素，将这些因素划分为个人因素、经济因素和社会因素，然后对这些因素分别进行研究，研究在不同人群中是否会出现不同的结果。

一、数据来源和模型介绍

（一）数据来源

本章数据主要来源于 2017 年中国综合社会调查（CGSS），调研了全国 11 个省、自治区、直辖市（不含港、澳、台）的所有城市、农村家庭户，样本规模为 12 582 户，全面收集社会、社区、家庭、个人多个层次的数据。

（二）数据处理—缺失值异常处理方式

空缺数据和异常值的出现是数据分析中最常见的问题，面对空缺值往往采用删除空缺数据的方法，但对于 CGSS 中的数据来讲，空缺值所占的比重较大，所以不适用于将所有空缺值删除的方法，并且删除空缺值可能会使本可以利用的有效值被剔除掉，从而失去一些重要的信息。因此仅将主观幸福感的空缺值进行剔除，然后对其他因素进行异常值删除。

（三）样本基本介绍

受访户中男性为 46.72%，接受高等教育程度及以上的为 28.89%，无配偶的为 26.56%，年龄在 65 岁以上的为 19.34%，感到不幸福的仅为 9.01%，具体数据详见表 10-1。

（四）相关模型介绍

本章主要采用了多元有序 Logistics 模型，Logistics 相较于其他模型来说，对于多重共线性等问题都有很好地解决途径，是一个较为成熟的模型。Logistic 回归分析用于研究 X 对 Y 的影响，并且对 X 的数据类型没有要求，

X 可以为定类数据，也可以为定量数据，但要求 Y 必须为定类数据，并且根据 Y 的选项数，使用相应的数据分析方法。其中多元有序 Logistics 回归分析中 X 要求与本文变量相符，并且模型总体与该文章研究问题较为符合，详见表 10 - 2。

表 10 - 1　数据样本基本情况

变量		所占百分比	变量		所占百分比
性别	男	46.72	年龄	46～55 岁	20.03
	女	53.28		56～65 岁	17.76
教育程度	未上过学	7.05		65 岁以上（不包括 65）	19.34
	初等教育	14.84	幸福感	非常幸福	18.51
	中等教育	49.23		比较幸福	60.99
	高等教育	26.75		说不上幸福不幸福	13.42
	研究生及以上	2.14		比较不幸福	5.67
是否有配偶	无配偶	26.56		非常不幸福	1.4
	有配偶	73.44	政治面貌	群众	79.14
年龄	18 岁以下	0.62		共青团员	84.98
	19～25 岁	8.31		民主党派	0.23
	26～35 岁	17.12		共产党员	14.79
	36～45 岁	16.82			

表 10 - 2　多元 Logistics 模型方法介绍

Logistics 回归分析类型	因变量 Y 值选项举例	说明
二元 Logistics 回归分析	有和无，愿意和不愿意	定类数据，并且仅为两类
多元无序 Logistics 回归分析	一线城市、二线城市和三线城市	定类数据，并且超过两类，类别之间没有对比意义
多元有序 Logistics 回归分析	不愿意、无所谓和愿意	定类数据，并且超过两类，类别之间具有对比意义

二、个人因素影响主观幸福感研究

对主观幸福感的影响分为外在影响因素和内在影响因素。一个人的年龄、学历、婚配以及自身所处的环境都可能对主观幸福感具有很大的影响，甚至一个人的心态和处理事务时的冷静性和决策性都对自身的主观幸福感具有一定的影响。因此，个人因素对于主观幸福感的影响是非常大的。

年龄对居民主观幸福感的影响是个人因素对居民主观幸福感研究中的一个热门话题，李小文等（2014）基于社会比较理论，使用 Logistics 回归模型，实证研究影响居民幸福感的具体因素，发现居民的年龄与幸福感呈现出倒 U 形曲线关系。彭代彦等（2015）利用 CGSS2013 年调查数据，借助有序 Probit 模型，实证研究住房消费与国民幸福感之间的关系，也发现居民的年龄与幸福感呈现出倒 U 形曲线关系。杨秀丽等（2018）、李婷等（2018）学者也提出中国居民的年龄与幸福感呈倒 U 形曲线关系，即居民随着年龄的增长，幸福感先下降后上升。根据多项研究表明，居民的主观幸福感和年龄具有显著相关，并且在大体上呈现出倒 U 形曲线关系，但将人群分为城市和乡村分别研究年龄对居民主观幸福感影响的研究少之又少。因此，本节选取了年龄作为关注变量，了解不同年龄段中居民的主观幸福感是怎样的，在城市和乡村中是否会出现不同的结果。

（一）各年龄段特征

按年龄划分为未成年期、成年早期、中年期、中老年期和老年期是一种常用的研究方法，但这只是一种大概的分类，它所表明的只是一些普泛的特征，不同年龄段的人在心理上、处事能力上都有着很大的差距性。

18 岁以下：这是一个依赖家庭和父母的阶段，刚刚来到这个世界，对一切感到好奇，刚刚接触社会的规则，有着"初生牛犊不怕虎"的精神，对一切都懵懵懂懂，开始认知这个世界，并逐渐拥有自己的主见，对未来充满着向往。

19～24 岁：这是一个由青春期向成年期过渡的阶段。此时，有些人开始离开父母、离开家庭，从经济上、情感上等多个方面开始走向独立，他们希望找到属于自己的世界，希望与同龄群体发展亲密的关系，希望与同龄群体和谐共处，一种真正属于成人的生活已经到来，拥有着进取心，渴望着成功。

25～34 岁：在这个阶段，人开始独立起来，更多地投入到成人所做的各种工作中去，同时对自我、对生活的探索和认识也在进一步加深。开始意识到了自己所扮演角色的冲突，明白了一些现实与理想的差距，开始对内在自我进行探索，意识到了内在自我的冲突，意识到了婚姻和家庭的困难，工作中可能会获得升迁，也可能会发现自己实际上入错了行，处于适应和调整中，意识到了生活并不是一帆风顺的。

35~44 岁：这是一个稳定下来的时期。此时的人已经开始独立于自己生活和事业的导师，开始寻找自己在社会中的合适的位置，渐渐变成一个属于自己的人。在这时，大多数人正处于事业稳定期，并将大多数精力放在儿女、家庭和工作上，并且生活方式已经确定，这是一个"扎根和发展"的时期。

45~54 岁：在这个阶段，人开始接受人生有限的观点，并遭遇到中年危机，对于调适成功人来说，这是一个值得羡慕的时期，充满了成功的自豪和快乐，使人生到达了一个高峰；对于调适不成功的人来说，这是一个失败、尴尬的时期，这种不利的影响会一直延续到老年期。此时此刻的人却又对儿童的鲜活生命、对青年人的不断进步充满了关注、羡慕。同时，此时的人也非常渴望来自配偶的同情和关爱，非常希望能够拥有更多的朋友，非常希望能够参与更多的社会活动。

55~65 岁：这个阶段已接近于人生的落幕时刻，人们开始以新的态度和眼光来重新打量生活、自我和他人，能够更加成熟、更加通达、更加温和地看待自己、看待家人、看待朋友、看待生活，同时也开始对生活的意义进行重新思考。

65 岁以上：这个阶段几乎是人的落幕阶段，对生活的意义有了深刻的认识，对生活也多了一份留念，希望自己的儿女亲人平安，更加珍重自己身边的朋友。

（二）模型与变量

1. 模型设置。为了研究个人因素对居民主观幸福感的影响，选择了将年龄作为关注变量，并将人群分为城市和乡村两部分，采用有序 Logistics 模型分别进行探究，其公式如下：

$$\text{Logitics}(P_i \text{主观幸福感}) = -a + \beta_1 \ln(age_i) + \beta_2 \text{control} \quad (i=1, 2)$$

公式（1）

当 $i=$ "1" 时，代表在城市中，年龄对居民主观幸福感的影响，当 $i=$ "2" 时代表在农村中，年龄对居民主观幸福感的影响。公式（1）中 P 为主观幸福感的发生概率，a 为截距项，公式（1）中求出的 OR 值是自变量每改变一个单位，因变量提高一个及一个以上等级的比数比（优势比）。

2. 变量介绍

（1）主观幸福感。主观幸福感是人的一种直观的感受，同时也是居民对生活质量的一种认知性的整体评价，是衡量居民生活质量的一个重要的指标。将居民的主观幸福感作为公式（2）的被解释变量，通过中国社会综合调查问卷中的问题来反映居民的主观幸福感程度，被调查人依据幸福感被划分为 5 个层次："非常幸福""比较幸福""说不上幸福不幸福""比较不幸福"和"不幸福"（图 10 - 2）。

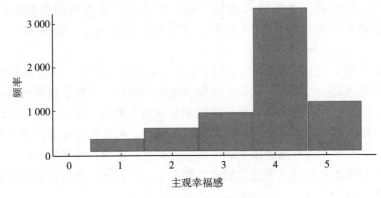

图 10 - 2　城乡居民幸福感分布图

（2）年龄。本节将居民的年龄作为关注变量，研究在城市和乡村中年龄对居民主观幸福感的影响，是否都呈现出倒 U 形曲线关系。

（3）控制变量。本节控制变量主要选取了婚姻、身体状况、性别和文化程度以及职业等相关变量，在城市和乡村中采用相同的控制变量，将城市与农村对比，分别研究年龄对居民主观幸福感的影响。

（三）估计结果

1. 城市人群中年龄对居民主观幸福感的影响。从表 10 - 3 中可以知道，在城市中大多数人感到主观比较幸福，年龄在 45～54 岁的人群选择主观非常不幸福的比例大于其他年龄段的人，年龄在 18 岁以上的人群选择主观比较不幸福的比例大于其他年龄人群，原因可能是人们到达了叛逆时期，受到家庭和学校等其他管制，从而降低了其主观幸福感。但数据整体呈现出选择主观幸福感幸福和较幸福人群比例较大。

表 10 - 3　城市年龄与幸福感分布表

（单位：%）

	非常不幸福	比较不幸福	说不上幸福不幸福	比较幸福	非常幸福
18 岁以上	0.00	9.30	6.98	65.12	18.60
19～24 岁	1.05	5.40	15.16	61.15	17.25
25～34 岁	0.93	5.84	13.03	62.27	17.94
35～44 岁	1.46	5.08	14.72	62.31	16.44

（续）

	非常不幸福	比较不幸福	说不上幸福不幸福	比较幸福	非常幸福
45～54 岁	2.39	6.15	14.17	61.39	15.91
55～65 岁	1.14	5.62	13.94	61.61	17.69
65 岁及上	1.20	5.54	10.85	57.63	24.78

然后对数据进行有序 Logistics 模型回归，并进行拟合度检验，见表10－4。

表 10－4　全国城市居民年龄对其主观幸福感的影响回归

	（1）Order Logistics 居民主观幸福感	（2）Order Logistics OR 值
年龄	−0.075 319 1 (0.019 723 3)	0.927
年龄的平方	0.000 954 2 (0.000 223 1)	1.000
身体状况	0.472 391 7 (0.045 226 5)	1.604
职业	−0.058 462 7 (0.024 898 7)	0.943
婚配	0.893 957 6 (0.098 074 1)	2.445
性别	0.144 907 5 (0.069 558 8)	1.156
初等教育	0.293 658 5 (0.261 076 8)	1.341
中等教育	0.733 047 4 (0.231 867 4)	2.081
高等教育	1.273 33 (0.238 192 2)	3.573
研究生学历及以上	1.070 546 (0.289 453 8)	2.917

首先，对因变量与自变量及控制变量进行有序 Logistics 模型回归分析，得到的模型拟合信息显著性 $p=0.000$，$p<0.05$，模型通过假设检验，表明自

变量与因变量显著相关，模型拟合好；模型的平行线检验中，显著性 $p=0.73$，$p>0.05$，说明使用有序回归模型来进行该研究是可行的，通过检验，回归结果具有较强的解释意义。

通过第（1）列可知，年龄和年龄的平方对居民的主观幸福感均具有显著影响，年龄对居民的主观幸福感具有负相关影响，而年龄的平方对居民的主观幸福感具有正相关影响。因此在城市中年龄对居民的主观幸福感呈现出 U 形曲线，年龄的 OR 值为 0.927，说明年龄每改变一个单位，居民主观幸福感提高 0.927 个等级的比数比。

2. 农村人群中年龄对居民主观幸福感的影响。 以表 10-5 中可以看出，在农村中，55～65 岁相较于其他年龄段人感觉主观非常不幸福的人数最多，而 45～54 岁相较于其他年龄段人感觉主观比较不幸福的人数最多，与城市显示出不一样的结果，但整体上选择主观幸福和主观比较幸福的人群占大多数。因此，在农村居民的主观幸福感还是比较高的。

表 10-5　农村年龄与幸福感分布表

（单位：%）

	非常不幸福	比较不幸福	说不上幸福不幸福	比较幸福	非常幸福
18 岁以上	0.00	0.00	0.00	50.00	50.00
19～24 岁	0.00	5.52	9.20	62.58	22.70
25～34 岁	2.17	7.73	13.04	63.53	13.53
35～44 岁	2.79	7.85	15.36	60.38	13.61
45～54 岁	2.48	10.69	16.13	56.97	13.74
55～65 岁	3.57	9.15	14.51	56.03	16.74
65 岁及上	1.39	6.93	12.05	57.36	22.28

然后，对数据进行有序 Logistics 模型回归并进行拟合度检验，见表 10-6。

表 10-6　全国农村居民年龄对其主观幸福感的影响回归

	(1) Order Logistics 居民主观幸福感	(2) Order Logistics OR 值
年龄	−0.047 250 2 (0.045 108 2)	0.954
年龄的平方	0.000 736 8 (0.000 501 7)	1.001

　　与城市人群一样，对因变量与自变量及控制变量进行有序 Logistics 回归分析，得到的模型拟合信息显著性 $p=0.000$，$p<0.05$，模型通过假设检验，表明自变量与因变量显著相关，模型拟合好；模型的平行线检验中，显著性 $P=0.06$，$p>0.05$，说明使用有序回归模型来进行该研究是可行的，通过检验，回归结果具有较强的解释意义。经过研究发现，在农村年龄对居民的主观幸福感并没有显著影响，与城市结果不同。

　　3. 河南省人群中年龄对居民主观幸福感的影响。在河南省的数据中采用与全国数据处理方法相同的方法，对城市人群和农村人群分别建立有序 Logistics 模型，结果发现在河南省中，无论是城市人群还是农村人群年龄对居民的主观幸福感均不具有显著影响，数据如表 10-7 和表 10-8。

表 10-7　河南省城市居民年龄对其主观幸福感的影响

	(1) Order Logistics 居民主观幸福感	(2) Order Logistics OR 值
年龄	0.320 701 9 (0.203 140 1)	1.378
年龄的平方	−0.003 115 3 (0.002 238 3)	0.997

表 10-8　河南省农村居民年龄对其主观幸福感的影响

	(1) Order Logistics 居民主观幸福感	(2) Order Logistics OR 值
年龄	−0.003 970 8 (0.162 467 5)	0.996
年龄的平方	−0.000 207 6 (0.001 787 1)	1

（四）稳健性检验

　　考虑到民族对收入的影响，在有序 Logistics 中加入民族作为控制变量进行稳健性检验，模型中其他变量保持不变，为了节省篇幅，只列出全国城市中年龄对居民主观幸福感影响的数据，表 10-9 中估计正负值于显著性与上文一致，因此前文的估计结果是稳健的，见表 10-9。

表 10 - 9　河南省城市居民年龄对其主观幸福感的影响（加入控制变量）

	(1) Order Logistics 居民主观幸福感	(2) Order Logistics OR 值
年龄	−0.753 305 (0.019 755 5)	0.927
年龄的平方	−0.000 954 3 (0.000 223 5)	1.000

（五）结论

主观幸福感受多方面的影响，不同年龄段都有属于自己的特征，体现出人与人之间的差异性。因此，每个人对主观幸福感的感受程度是不同的，每个年龄段对主观幸福感的感受程度也是不同的。根据以往大多数研究，年龄与居民的主观幸福感呈现出 U 形相关关系，但当将人群进行细分后，发现不同的人群，年龄对居民的主观幸福感的影响程度是不同的；在城市和乡村中，由于不同的性别、不同的职业、不同的身体状况都会影响各年龄段人群的主观幸福感。

三、经济因素影响主观幸福感研究

卡尔门格尔在 1871 年发表的《国民经济学原理》的第一章中，把"有用的物品"称为"Goods"，也就是经济学里的所谓"商品"，在道德哲学里则是"善"的意思。一种物品所具有的商品性"Goodness"，恰恰是亚里士多德认为的"高于一切具体的善"的"善性"，即幸福。从中可以看出，居民的主观幸福感与经济有着密切的关系。因此在国外常常出现用一个国家或者地区的GDP 来衡量一个国家或者地区的居民是否真的幸福，也就是人们常常认为的GDP 越高，收入越高，人民越幸福，久而久之，政府也把提升 GDP 作为发展经济的第一要义，但经过研究发现，一个国家或者地区的 GDP 水平升高，所处该地区的居民幸福感却没有出现上升趋势，人们将这一理论称之为"伊斯特林悖论"。所以，是否真的随着收入的升高，居民的主观幸福感就越高？在城市和农村居民中是否会出现不同的结果呢？

（一）模型与变量

1. 模型设置。为了研究经济因素对居民主观幸福感的影响，选择了将全年劳动收入作为关注变量，并将城市人群和农村人群按照全年劳动收入的平均值各分为两部分，采用多元有序 Logistics 分别进行探究，其公式如下：

Logit $(P_i$ 主观幸福感$) = -a + \beta_1 \ln(\text{annual labor income}_i) + \beta_3 \ln(\text{annual}$

labor income$_i$)^2$+\beta_2$control　（$i=1$，2）　　　　　　　公式（2）

当 $i=$ "1" 时，表示在城市中，全年劳动收入对居民主观幸福感的影响；当 $i=$ "2" 时，表示在农村中，全年劳动收入对居民主观幸福感的影响。

2. 变量介绍

（1）主观幸福感。与上文一致，将居民的主观幸福感作为公式（2）的被解释变量，通过中国社会综合调查问卷中"你觉得自己有多幸福？"问题来反映居民的主观幸福感程度，被调查人依据幸福感被划分为5个层次："非常幸福""比较幸福""说不上幸福不幸福""比较不幸福"和"不幸福"。

（2）全年劳动收入。本章将居民的全年劳动收入作为关注变量。根据马斯洛需求理论来讲，当满足于基本需求时，人们会追求更高级别的需求，那么在不同收入水平下，随着全年总收入的增加，居民的主观幸福感是否会随之增加？全年总收入在城市不同人群中对居民的主观幸福感是否有着不同的影响？

（3）控制变量。本章的控制变量主要分为两大类：一类为个人特征变量，为身体状况、文化程度、性别、年龄、婚姻状况；另一类为消费支出变量，如网上购物支出、医疗支出、教育培训支出、文化休闲娱乐支出、交通通讯支出、消费品支出、耐用消费品支出、住房支出、服装支出和食品支出。

（二）估计结果

1. 城市居民劳动收入对居民主观幸福感的影响。为了研究城市的不同劳动收入群体中全年劳动总收入对居民主观幸福感的影响规律，对城市人群以全年劳动总收入的平均值45 118元进行分类，将全年劳动总收入在45 118元以上人群命名为城市高收入人群，将全年劳动总收入在45 118元（包括45 118元）以下人群命名为城市低收入人群。

如表10-10主要进行的是个人因素百分比的统计描述。从性别来看，城市高收入人群男性占比为61.38%，女性占比为38.62%，男性人数多于女性。城市低收入人群男性占比为40.57%，女性占比为59.43%，女性人数多于男性。婚姻状况在城市低收入人群和高收入人群不具有明显差异性。

从年龄方面来看，城市高收入人群年龄大多分布在26～55岁，主要为青壮年和中年人士；城市低收入人群年龄分布较为均匀，但更偏向于56岁以上，主要为中老年人士。

从幸福感来看，大多数人的主观幸福感为比较幸福。城市高收入人群中有64.47%的居民主观幸福感为比较幸福，城市低收入人群中有59.57%的居民主观幸福感为比较幸福，城市高收入人群的主观幸福感要高于城市低收入人群。

从文化水平方面来看，城市高收入人群的文化水平主要为高等教育，占总比重的51.18%；城市低收入人群的文化水平主要为中等教育，占总比重的54.01%。从整体上来看，城市高收入人群的文化水平要高于城市低收入人群，并且可以表现出文化水平对于收入具有正相关关系。

表10-10 城市个人因素百分比描述统计

(单位：%)

个人因素		城市高收入人群	城市低收入人群	个人因素		城市高收入人群	城市低收入人群
婚姻状况	有配偶	77.53	71.71	幸福感	非常幸福	19.82	17.95
	无配偶	22.47	28.29		比较幸福	64.47	59.57
性别	男	61.38	40.57		说不上幸福不幸福	12.07	13.97
	女	38.62	59.43		比较不幸福	3.24	6.68
年龄	18岁以下	0.05	0.86		非常不幸福	0.39	1.83
	19~25岁	7.02	8.85	文化水平	未上过学	1.37	9.43
	26~35岁	30.62	11.46		初等教育	4.22	19.29
	36~45岁	26.45	12.80		中等教育	37.73	54.01
	46~55岁	21.49	19.39		高等教育	51.18	16.54
	56~65岁	8.15	21.80		研究生及以上	5.50	0.74
	65岁以上（不包括65）	6.23	24.84				

表10-11为消费类因素的描述性统计，从表10-11中可以看出，城市高收入人群在网上购物、教育培训、文化休闲娱乐、交通通讯、住房、服饰和食品上支出较多，在网上购物、教育培训、文化休闲娱乐、交通通讯和服饰方面远高于城市低收入人群，而城市低收入人群的主要消费为食品支出，与马斯洛需求理论相符合，当人们基本需求被满足后，人们会追求更高层次的需求；在医疗支出方面，城市高收入人群和低收入人群基本不具有差别，从中可以体现出中国医疗政策方面的完备性。

（1）城市高收入人群全年劳动收入对居民主观幸福感的影响。对城市高收入人群进行 Order Logistics 回归和对 Order Logistics 回归模型拟合度的检验并进行分析，见表10-12。

表 10 - 11 城市消费类描述性统计

消费类	城市高收入人群			城市低收入人群		
	平均值（元）	最大值（元）	最小值（元）	平均值（元）	最大值（元）	最小值（元）
网上购物支出	10 569.06	150 000.00	0	2 916.77	120 000.00	0
医疗支出	4 996.98	150 000.00	0	5 448.10	200 000.00	0
教育培训支出	11 838.71	420 000.00	0	4 547.56	200 000.00	0
文化休闲娱乐支出	11 069.60	505 000.00	0	3 165.21	200 000.00	0
交通通讯支出	12 825.81	800 000.00	0	3 957.43	554 800.00	0
消费品支出	8 197.68	100 000.00	0	3 601.64	150 000.00	0
耐用消费品支出	5 354.44	500 000.00	0	3 202.43	1 800 000.00	0
住房支出	21 194.35	1 222 222.00	0	8 069.11	1 000 000.00	0
服饰支出	12 349.67	300 000.00	0	4 791.02	100 000.00	0
食品支出	25 357.64	120 000.00	0	16 626.75	480 000.00	0

表 10 - 12 河南省城市高收入人群对其主观幸福感的影响回归

	(2) Order Logistics 居民主观幸福感	(3) Order Logistics OR 值
全年劳动收入的对数	8.980 739 ** (3.617 921)	7 948.50
全年劳动收入对数的平方	−0.379 617 ** (0.150 221 8)	0.68
文化水平	0.268 605 9* (0.140 991 9)	1.31
身体状况	0.406 851 1*** (0.117 511 1)	1.50
性别	0.482 308 5*** (0.179 708 8)	1.62
年龄	0.020 059 4** (0.008 750 3)	1.02
有配偶	0.691 171 8*** (0.235 528 8)	2.00
网上购物支出	5.69E − 07 (6.44E − 06)	1.00

（续）

	(2) Order Logistics 居民主观幸福感	(3) Order Logistics OR 值
医疗支出	$-3.81E-06$ $(4.80E-06)$	1.00
教育培训支出	$-3.51E-06^{**}$ $(1.53E-06)$	1.00
文化休闲娱乐支出	$1.48E-06$ $(2.27E-06)$	1.00
交通通讯支出	$7.13E-06^{***}$ $(2.10E-06)$	1.00
消费品支出	$5.12E-06$ $(6.74E-06)$	1.00
耐用消费品支出	$-2.41E-06$ $(1.61E-06)$	1.00
住房支出	$6.23E-07$ $(7.85E-07)$	1.00
服饰支出	$6.43E-07$ $(3.67E-06)$	1.00
食品支出	$-2.48E-06$ $(4.37E-06)$	1.00

注：***、**、* 分别表示在 0.01、0.05、0.1 水平下显著。

对因变量与自变量及控制变量进行多元有序 Logistics 回归分析，得到的模型拟合信息显著性 $p=0.000$，$p<0.05$，模型通过假设检验，表明自变量与因变量显著相关，模型拟合好；模型的拟合优度检验中，皮尔逊显著性＝0.068、偏差显著性＝0.069，$p>0.05$，皆通过假设检验；模型的平行线检验中，显著性 $p=0.96$，$p>0.05$，说明使用有序回归模型来进行该研究是可行的，通过检验，回归结果具有较强的解释意义。

由第（1）列可知，全年劳动收入的对数对居民的主观幸福感具有正相关关系，全年劳动收入的对数的 p 值为 0.013，说明全年劳动收入对居民的主观幸福感具有显著影响，OR 值为 7 948.5，说明全年劳动收入对数的平方每改变一个单位，居民的主观幸福感提高 7 948.5 个等级的比数比；全年劳动收入对数的平方对居民的主观幸福感具有负相关关系，全年劳动收入对数的平方的

p 值为 0.012，说明全年劳动收入对数的平方对居民的主观幸福感具有显著影响，OR 值为 0.68，说明全年劳动收入对数的平方每改变一个单位，居民的主观幸福感提高 0.68 个等级的比数比。由这两个变量可知，全年劳动收入在城市高收入人群中与居民的主观幸福感呈现出倒 U 形关系。除了全年劳动收入之外，文化水平、年龄、性别、身体状况、婚姻状况、交通通讯支出和教育培训支出均对居民的主观幸福感具有显著影响，并且与居民的主观幸福感呈现出正相关关系。

（2）城市低收入人群全年劳动收入对居民主观幸福感的影响。与城市高收入人群一样，首先进行 OLS 回归，并使用稳健标准误，然后进行 Order Logistics 回归和对 Order Logistics 回归模型拟合度的检验并进行分析，见表 10 - 13。

表 10 - 13　河南城市低收入群体主观幸福感的影响回归

	（1）Order Logistics 居民主观幸福感	（2）Order Logistic OR 值
全年劳动收入的对数	−1.376 083 (1.417 958)	0.25
全年劳动收入对数的平方	0.088 008 1 (0.077 804 3)	1.09
文化水平	0.061 981 (0.120 761 4)	1.06
身体状况	0.581 971 3*** (0.090 228 1)	1.80
性别	0.284 719 5* (0.160 761)	1.33
年龄	0.025 697 *** (0.006 014 7)	1.03
有配偶	0.482 236 7*** (0.185 915 7)	1.62
网上购物支出	−1.30E−05 (1.51E−05)	1.00
医疗支出	7.25E−06 (8.08E−06)	1.00
教育培训支出	−1.10E−05 (1.06E−05)	1.00

（续）

	(1) Order Logistics 居民主观幸福感	(2) Order Logistic OR 值
文化休闲娱乐支出	7.51E−06 (1.44E−05)	1.00
交通通讯支出	5.49E−06 (3.88E−06)	1.00
消费品支出	4.12E−05** (1.97E−05)	1.00
耐用消费品支出	8.17E−07 (5.35E−07)	1.00
住房支出	−2.57E−06*** (8.81E−07)	1.00
服饰支出	1.56E−05 (1.43E−05)	1.00
食品支出	1.14E−05*** (4.36E−06)	1.00

注：***、**、* 分别表示在 0.01、0.05、0.1 水平下显著。

与城市高收入人群一致，同样对城市低收入人群对因变量与自变量及控制变量进行多元有序 Logistics 回归分析，得到的模型拟合信息显著性 $p=0.000$，$p<0.05$，模型通过假设检验，表明自变量与因变量显著相关，模型拟合好；模型的拟合优度检验中，皮尔逊显著性＝0.158、偏差显著性＝0.160，$p>0.05$，皆通过假设检验；模型的平行线检验中，显著性 $p=0.83$，$p>0.05$，说明使用有序回归模型来进行该研究是可行的，通过检验，回归结果具有较强的解释意义。

由第（1）列可知，全年劳动收入的对数和全年劳动收入对数的平方均对居民主观幸福感不具有显著影响，所以在城市低收入人群中，全年劳动收入对居民的主观幸福感不具有显著影响。身体状况、性别、年龄、消费品支出和食品支出对居民的主观幸福感具有显著影响，并且呈现出正相关关系。住房支出对居民的主观幸福感具有显著负相关关系，说明对于购房所形成的支出，对于城市低收入人群形成了压力，致使居民的主观幸福感呈现下降趋势。

2. 农村居民劳动收入对居民主观幸福感的影响。为了研究农村中不同收入群体全年劳动总收入对居民主观幸福感的影响规律，对农村人群以全年劳动总收入的平均值 14 830 元进行分类，将全年劳动总收入在 14 830 元以上人群命名为农村高收入人群；将全年劳动总收入在 14 830 元（包括 14 830 元）以下人群命名为农村低收入人群。

表 10 - 14 为农村人群的个人因素百分比描述统计表。从婚姻状况来看，农村低收入人群有配偶的百分比要高于农村高收入人群；从性别方面来看，农村高收入人群中男性人数多于女性，占 67.35％，而在农村低收入人群中，女性多于男性，占 57.43％；从年龄方面来看，农村高收入人群主要集中在 46～55 岁，占人群 29.94％，农村低收入人群主要集中在 65 岁以上，占人群 29.22％，从幸福感方面来看，选择"比较幸福"的人群占大多数，说明了中国幸福感指数比较高；从文化水平来看，农村高收入人群主要集中在中等教育，占 59.55％，而农村低收入人群主要集中在初等教育，占 39.34％。

表 10 - 14　农村个人因素百分比描述统计表

个人因素		农村高收入人群	农村低收入人群	个人因素		农村高收入人群	农村低收入人群
婚姻状况	有配偶	86.47	76.77	幸福感	非常幸福	18.00	16.41
	无配偶	13.53	23.23		比较幸福	62.03	56.83
性别	男	67.35	42.57		说不上幸福不幸福	12.59	14.59
	女	32.65	57.43		比较不幸福	6.16	9.38
年龄	18 岁以下	0	0.47		非常不幸福	1.21	2.79
	19～25 岁	5.41	3.53	文化水平	未上过学	5.41	25.62
	26～35 岁	21.08	6.32		初等教育	26.37	39.34
	36～45 岁	23.32	10.86		中等教育	59.55	33.09
	46～55 岁	29.94	24.45		高等教育	8.67	1.82
	56～65 岁	13.81	25.15		研究生及以上	0	0.13
	65 岁以上（不包括 65）	6.44	29.22				

通过表 10 - 15 可知，对于农村高收入人群，主要消费在教育培训支出、住房支出和食品支出方面，而对于农村低收入人群，主要消费在医疗支出、服饰支出和食品支出方面，通过对数据的查看，发现农村高收入人群年龄主要集中在 46～55 岁，正处于事业奋斗中后期以及抚养儿女的年龄阶段，而农村低收入人群年龄主要集中在 65 岁以上，老年人居多，所以在医疗方面支出远高于农村高收入人群，而在住房支出方面远低于农村高收入人群。但从整体来看，食品方面的支出无论是农村低收入人群还是农村高收入人群中都占主要消费支出。

表 10-15　农村消费类描述性统计

消费类	农村高收入人群			农村低收入人群		
	平均值（元）	最大值（元）	最小值（元）	平均值（元）	最大值（元）	最小值（元）
网上购物支出	1 488.45	45 000	500	307.64	17 000	0
医疗支出	4 863.39	120 000	0	7 309.54	800 000	0
教育培训支出	10 330.85	2 000 000	0	3 050.45	88 000	0
文化休闲娱乐支出	1 096.30	30 000	0	318.58	30 000	0
交通通讯支出	5 950.19	210 000	0	1 573.97	150 000	0
消费品支出	2 690.70	30 000	0	1 273.40	60 000	0
耐用消费品支出	1 529.90	40 000	0	673.91	30 000	0
住房支出	10 948.73	400 000	0	3 967.21	910 000	0
服饰支出	3 590.67	50 000	0	7 285.58	5 002 000	0
食品支出	11 516.28	90 000	0	6 681.70	90 000	0

　　然后，对农村高收入人群和低收入人群进行有序 Logistics 回归并进行拟合度检验，结果发现，农村无论是高收入人群还是低收入人群，全年劳动收入对居民的主观幸福感不具有显著影响。

　　3. 河南省城乡居民劳动收入对居民主观幸福感的影响。将数据中省份为河南的人群筛选出来，得到共 588 个数据，其中城市占 188 个数据，农村占 400 个数据。由于数据样本较少，不再分为四类人群，仅分为农村和城市两类人群。

　　从表 10-16 数据整体来看，河南数据分布与全国数据分布类似，其中幸福感均为选择"比较幸福"的人数居多，而从教育方面来看，河南城市人群受教育程度要高于农村人群；从年龄方面来看，城市人群主要集中在 36~55 岁，而农村人群主要集中在 46~65 岁以上人群，偏于老龄化。

表 10-16　河南省样本描述性统计

		城市	农村		城市	农村
婚姻状况	有配偶	76.06	42.50	19~25 岁	8.51	4.00
	无配偶	23.94	57.50	26~35 岁	11.17	12.25
性别	男	46.28	81.50	36~45 岁	21.28	10.25
	女	53.72	18.50	46~55 岁	21.28	23.00
年龄	18 岁以下	0.53	0.50	56~65 岁	18.09	21.75

（续）

		城市	农村			城市	农村
	65 岁以上（不包括 65）	19.15	28.25	文化水平	未上过学	9.57	28.00
幸福感	非常幸福	16.49	19.50		初等教育	15.43	28.00
	比较幸福	68.09	63.25		中等教育	48.94	39.25
	说不上幸福不幸福	10.64	9.75		高等教育	25.53	4.75
	比较不幸福	3.19	6.50		研究生及以上	0.53	0
	非常不幸福	1.60	1.00				

　　接下来采用与全国数据一致的控制变量研究对河南省城市和农村居民中，回归分析全年劳动收入对居民主观幸福感的影响，见表 10 - 17。

表 10 - 17　河南农村居民劳动收入对其主观幸福感的影响回归

	(1) Order Logistics 居民主观幸福感	(2) Order Logistic OR 值
全年劳动收入的对数	4.334 704 (2.237 264)	76.30
全年劳动收入对数的平方	−0.230 328 (0.133 127 9)	0.80

　　（1）河南省城市全年劳动收入对居民主观幸福感的影响。经过研究发现，在河南省城市中，全年劳动收入对居民的主观幸福感并没有显著影响。

　　（2）河南省农村全年劳动收入对居民主观幸福感的影响。在河南省农村中，全年劳动收入对居民的主观幸福感具有弱显著性影响，与全国数据出现了不一致性，由表 10 - 17 中可知，全年劳动收入的对数对居民的主观幸福感具有正相关关系，OR 值为 76.30，说明全年劳动收入对数的平方每改变一个单位，居民的主观幸福感提高 76.30 个等级的比数比；全年劳动收入对数的平方对居民的主观幸福感具有负相关关系，OR 值为 0.80，说明全年劳动收入对数的平方每改变一个单位，居民的主观幸福感提高 0.80 个等级的比数比。由这两个变量可知，全年劳动收入在河南农村中与居民的主观幸福感呈现出倒 U 形关系。

（三）稳健性检验

　　考虑到民族对收入的影响，在有序 Logistics 中加入民族作为控制变量进行稳健性检验，模型中其他变量保持不变，为了节省篇幅，只列出河南省全年劳动收入对数和全年劳动收入对数的平方的数据和河南农村数据，从表 10 - 18、表 10 - 19、表 10 - 20 估计正负值于显著性与上文一致，因此前文的估计结果是稳健的。

表 10 - 18　河南城市高收入群体主观幸福感的影响回归

	(1) Order Logistics 居民主观幸福感	(2) Order Logistics OR 值
全年劳动收入的对数	8.977 556 (3.620 454)	7 950.04
全年劳动收入对数的平方	−0.379 479 3 (0.150 344)	0.68

表 10 - 19　河南城市低收入群体主观幸福感的影响回归

	(2) Order Logistics 居民主观幸福感	(3) Order Logistics OR 值
全年劳动收入的对数	−1.380 95 (1.419 451)	0.25
全年劳动收入对数的平方	0.088 042 1 (0.077 871 1)	1.10

表 10 - 20　河南农村居民主观幸福感的影响回归

	(2) Order Logistics 居民主观幸福感	(3) Order Logistics OR 值
全年劳动收入的对数	4.200 937 (2.364 099)	66.74
全年劳动收入对数的平方	−0.223 008 (0.140 256 2)	0.80

（四）结论

在日常生活中，人们往往认为收入越高，居民的主观幸福感越高，但经过研究发现，以全国数据为研究对象，在城市高收入人群中，全年劳动收入与居民的主观幸福感呈现出倒 U 形曲线，居民主观幸福感随着全年劳动收入的上升而上升，当到达一定水平后，居民的主观幸福感随着全年总收入的上升而下降。而在城市低收入人群中，居民的主观幸福感与全年劳动收入不具有显著关系，并没有呈现出正相关关系和倒 U 形曲线关系。而在农村中，无论是高收入人群还是低收入人群，全年劳动收入对居民的主观幸福感均不显著；以河南省数据为研究对象，在城市中，全年劳动收入对居民的主观幸福感不具有显著性影响，但在农村中，全年劳动收入对居民的主观幸福感却具有显著性影响，并呈现出倒 U 形曲线。所以在不同的人群中，全年劳动收入对于居民的主观幸福感的影响是不同的。

主观幸福感是居民对生活质量的一个感知性的评价，同时也是一个涉及心理学、社会学和经济学等多领域的方向，对于社会的进步和发展具有引导作用。因此，应该完善相关制度，不仅仅只是提高全民收入或者国家 GDP，而是综合性的考虑，以提高全民主观幸福感作为首要目标，建设和谐美满社会。

四、社会因素影响主观幸福感研究

社会因素包含环境因素、社会交往因素、风俗习惯因素、社会保障制度因素等，其中社会保障制度因素对居民主观幸福感有着很大的影响。社会保障制度是国家的一项基本保障制度，对于维护社会和平、促进社会发展有着举足轻重的影响。本节主要研究社会保障制度中养老保险和医疗保险对居民主观幸福感的影响。

（一）养老保险对居民主观幸福感的影响

随着科技的发展，医疗水平的进步，人类的寿命也越来越长，中国的老龄化问题也越来越严重，联合国的老龄化划分标准规定：当一个地区或者国家 60 岁以上老人占人口总数 10%，或 65 岁以上老人占人口总数 7% 即为进入老龄化，而中国在 2019 年末 60 岁以上老年人口总数达到 2.54 亿，占总人口比例 18.1%，65 岁以上老年人口达到 1.76 亿人，占总人口的 12.6%，已经进入严重老龄化国家之一，并且有专家预测到 2050 年中国 60 岁以上老人将达到 4.83 亿人。因此随着中国老龄化的逐步加深，养老保险成为了人们口中的热门话题，对居民的主观幸福感也有着一定的影响。

在 2014 年国家决定将新型农村合作医疗和城居保制度合并。开始实施《关于建立统一的城乡居民基本养老保险制度的意见》，在全国范围内建立统一的城乡居民基本养老保险制度，提出到"十二五"末，在全国基本实现新型农村合作医疗和城居保制度合并实施，并与职工基本养老保险制度相衔接；2020 年前，全面建成公平、统一、规范的城乡居民养老保险制度，与社会救助、社会福利等其他社会保障政策相配套，充分发挥家庭养老等传统保障方式的积极作用，更好地保障参保城乡居民的老年基本生活。在河南省中，养老保险的普及增强人民群众的获得感、安全感，对居民主观幸福感的提升具有一定的促进作用。

（二）医疗保险对居民主观幸福感的影响

医疗的进步增长了人们的寿命，减少了人们在病痛方面所遭受的痛苦，而医疗保险作为中国社会保障制度中医疗方面重要的组成部分，与人民群众的主观幸福感有着密切的关联，但是两者之间的关系有待进一步的探讨。一方面，医疗保险在一定的程度上可以缩小收入不平等的差距，降低居民所面临的不确定性损失，减轻居民的医疗负担，有利于提升居民的主观幸福感。阳义南等（2016）的研究表明，社会保险制度可以显著提升居民的主观幸福感，没有医疗保险的居民，其主观幸福感会显著降低。亓寿伟等（2010）的研究表明，公费医疗可以显著提升农村老年人的主观幸福感，城镇职工基本养老保险与合作医疗对城镇和农村老年人的幸福感具有正向作用。另一方面，医疗保险对居民的主观幸福感也存在一定的负向影响，不利于居民主观幸福感的提升。过高的社会保险覆盖率表明政府的财政汲取能力较强，而政府集中的财富过多，会降低居民的第一次收入在整个社会财富中的比例，进而不利于提升居民的主观幸福感。由于新型农村合作医疗的报销比例低、报销范围较窄、报销手续繁琐等原因，新型农村合作医疗在提升居民主观幸福感方面的效果并不理想。所以医疗保险对于居民的主观幸福感的影响有待更深的研究，如二者之间是否存在着其他因素的干扰。

在医疗保险方面，河南省十三届人大常委会第二十六次会议听取了关于医疗保障制度改革情况的专项工作报告。报告提到，近年来，河南省不断扩大医疗保险覆盖面，筹资运行机制不断健全。截至 2020 年年底，河南省基本医疗保险参保达到 10 349.51 万人，参保率持续稳定在 96％以上，基本实现"全民应保尽保，人人公平享有"的医疗保障目标。2018 年 11 月，河南省医疗保障局成立，同时市县机构改革压茬推进。截至目前，河南省 17 个省辖市、济源示范区和所有县（市、区）均成立了医保局和经办机构。报告显示，目前河南省初步形成了以基本医疗保险、大病保险为主体，医疗救助为托底，补充医疗保险、商业健康保险等共同发展的医疗保障制度体系。近年来，职工基本医疗保险政策范围内住院费用报销比例达到 80％以上、城乡居民基本医疗保险政策范围内住院费用报销比例稳定在 75％左右；2020 年城乡居民门诊统筹报销 1.12 亿人次，门诊统筹基金支付 37.52 亿元。截至 2020 年 6 月底，河南省 18 个市（包括济源示范区）全面做实医保市级统筹，增强了统筹区基金抗风险能力。从中可以看出，河南省在医疗保险普及方面十分的重视。

医疗保险的提出，从总体上来讲，对居民主观幸福感的提升具有促进作用，但往往因为医疗保险对于其他因素具有一定的影响，而其影响超过了医疗保险对居民主观幸福感影响的作用，从而降低了居民的主观幸福感。

五、城乡居民幸福感共享建议

主观幸福感的研究是经济学、心理学和社会学等领域研究中的一个经久不衰的话题，并且人类发展的过程，也是追求幸福的过程，提升居民主观幸福感对于一个国家来讲是治国的方向标，因此国家富裕和人民幸福已成为现代文明社会发展和经济增长的根本目的。党的十九届四中全会公报提出："中国共产党人的初心和使命，就是为中国人民谋幸福，中国共产党是为人民谋幸福的政党"。所谓以人为本的科学发展观、建设和谐社会，其最终的落脚点都是为了增加人民的福利，提高民众的幸福度。然而，在当今中国的社会现实生活中，要获取全面的幸福又谈何容易。人民是否真的幸福，怎么才能使他们更幸福，这并不是政府或专家学者主观判断就能衡量的，而要根据居民对幸福的理解、幸福的感受，他们目前的教育、医疗、社会治安、生活环境、民主法治建设的状况等方面的评价并作出判断。

中国要提升城乡居民获得感和幸福感，一要逐步破解城乡经济发展的不平衡问题。物质生活水平高低是居民幸福感的来源和保障。要坚持共享理念，协同推进实施乡村振兴和新型城镇化战略，强化以城带乡、以工补农，将城市的人才资源、资本资源、技术优势，与农村的人力资源、自然资源、生态优势有机结合，促进城乡在区域规划、产业发展、生态保护、公共服务等互相融合、共同发展。二要不断完善社会保障制度体系。居民保障体系是社会经济发展的重要支持。要坚持共享理念，逐步建立覆盖城乡居民的社会保障制度，让城乡居民都能享受到社会经济发展的成果，不断提升居民的获得感和幸福感。

► 第四篇　願景篇

第十一章 城镇化过程中城乡融合发展实现路径

党的二十大报告指出，"中国式现代化是全体人民共同富裕的现代化。"中国式现代化是结合中国基本国情和实践，博采东西方各家之长，不断探索形成的顺应世界发展趋势且适合中国国情的现代化发展的道路。当前，作为世界第二大经济体的中国，已经全面建成小康社会，历史性解决了绝对贫困难题，开启了全面建设社会主义现代化国家新征程。在新时代推进中国式现代化征程中，必须坚持把实现人民对美好生活的向往作为出发点和落脚点，着力促进全体人民共同富裕。

近年来，随着城乡融合发展体制机制不断完善，农业农村现代化建设在良好的政策环境中取得了重要进展，逐步建立城乡要素平等交换、双向流动的政策体系，持续推进农村产业融合发展，城乡之间差距呈现出不断缩小的趋势，但同时也存在着一些障碍。要实现全体人民共同富裕，必须消除各类不充分不平衡因素，所以促进城乡深度融合发展无疑是实现共同富裕目标的重中之重。

第一节 蝶变长垣——城乡融合发展典型案例

河南省长垣市作为国家新型城镇化综合试点地区，近年来在推进城镇化建设过程中，贯彻落实国家关于改善农村人居环境重要指示，践行"绿水青山就是金山银山"的理念，把改善农村人居环境作为实施乡村振兴战略的第一场硬仗。随着长垣的不断改革，在经济、文化、环境、政治等方面发生了翻天覆地的变化。这里四季有花海，盛夏飘荷香，三秋有桂子；这里百姓富裕、生活惬意、人文和谐、民风淳朴。

一、经济变化

长垣市发展之快之强，有两组数据可证：2014 年 GDP 为 250.5 亿元，到 2020 年是 490.2 亿元，年均增长 11.84%；2019 年公共财政预算收入完成 34.1 亿元，占全市的 17.6%。这令各地观摩学习者赞叹不已。"河南民营经济看'两长'"，黄河北岸之"长"是长垣。全市"县域经济学长垣"，不仅学增长快、质量高、活力足,更学其环境优、干劲强。2020 年,长垣 GDP 达 490.2 亿元,居全市第一位,固定资产投资同比增长 6.2%,规模以上工业增加值增长 2.7%,城镇居民人均可支配收入达 30 611 元,农村居民人均可支配收入达 23 188 元,均高于全省平均水平。

不以 GDP 论英雄,不是不要 GDP,而是要高质量 GDP。2021 年,该市公共财政预算收入完成 34.1 亿元,同比增长 12.5%,税占比达 85.1%;纳税超亿元企业达到 6 家,超千万以上的企业达到 85 家;高新技术产业增加值占工业增加值的比重达 93.5% 以上,科技进步贡献率达 70.8%,荣获全省高质量发展第 2 名。

地处黄河滩区,历史上十年九灾,20 世纪 80 年代还顶着国家级贫困县帽子的长垣:把环境当作最大优势,"无中生有"并做大做强了起重、医疗器械、防腐建筑等特色产业;把改革当作最大法宝,成为全省唯一的国家土地制度改革试点县;把乡村当作最大舞台,确立 3 年投入 18 亿元的"369"财政激励计划,446 个村开展了乡村振兴示范创建工程,被确定为全省唯一的全国农村人居环境整治成效明显的激励候选县。

2022 年 1~6 月份,长垣公共财政预算收入完成 22.411 亿元,增长 17.5%,税占比达 90.1%,分别居全省县(市)第 7 位、第 22 位、第 1 位。

二、文化变化

长垣市将乡村文化振兴与开展全国文明城市创建常态化、深化移风易俗、加强党的基层组织建设、农村宅基地制度改革相结合,不仅建设了文化阵地,留住了乡村文化和农耕文化,培育了文明乡风、良好家风和淳朴民风,乡村治理难度大为降低,让农民逐渐树立对美丽乡村、文化乡村的自豪感,使乡土文化温润乡村发展,实现了农民安居乐业和农村社会长治久安。

(一)大力推进文化阵地建设,丰富了农村群众精神文化生活

542 个党群文体广场、120 个村史馆(其中建成河南省村史馆示范点 2 个:南蒲街道雨淋头村和赵堤镇大浪口村)、129 个四点半课堂、64 个村民大礼堂、404 个老年人活动中心和日间托老中心、596 个便民服务中心和综合文化服务中心、18 个乡镇(街道)文化站均已高规格提升改造完成,村村建有农家书屋及文化信息资源共享工程基层服务点,成功举办民俗文化旅游节 28 场、群众文化活动 2 200 余场、文化惠民工程 164 场。

(二)实施文化传承、文化繁荣、文化惠农工程,带动发展文化产业

坚持创造性转化、创新性发展,深入挖掘优秀传统文化蕴含的思想观念、人文精神、道德规范,保护好文物古迹、传统村落、传统建筑,以乡村旅游为

突破口，吸引各类市场主体参与，开发利用好乡村特色文化资源，推动优秀传统文化与乡村当代文化相适应、与乡村现代社会相协调，更好地满足农民群众精神文化生活新期待，充分保障农民群众的基本文化权益，不断提升农民群众的文化获得感、幸福感。

（三）实施文明风尚提升工程，培养文明乡风

强化教育引导、实践养成、制度保障，推动社会主义核心价值观融入农村社会发展各方面，贯穿农村生产生活各环节，努力培养新型农民，弘扬文明乡风。评选出"五好"文明家庭 106 户，最美家庭 40 户，参与星级文明户认领制 5 万余户，占比 30％以上，评选十星级文明户 1 519 户。组织"乡村光荣榜"人物选举活动，推出典型 4 740 名。县级以上文明村镇占比 54.36％，创建全国文明村镇 4 个、省级文明村镇 4 个、新乡市文明村镇 76 个。建成市新时代文明实践中心，各乡镇（街道）、各行政村均有新时代文明实践所（站），探索创新了"1＋5＋6＋7＋8＋10＋N"的市乡村三级联动志愿服务工作模式，近 10 万名志愿者的志愿者队伍，接受群众点单 3 264 个，组织大型新时代文明实践活动 468 场（次），培育新时代文明实践项目 83 个。为调动群众自觉高质量改善户容户貌，长垣市开展了"五美庭院"（整洁美、卫生美、绿化美、文明美、和谐美）评选活动，号召广大村民积极参与创建活动，对获奖家庭授予"五美庭院"荣誉称号。全市评选出"五美庭院"6.3 万户，占比 48％。生态环保理念、文明健康生活方式已深入到更多家庭，现在每家每户都积极打扫院内卫生、打理绿植花草果蔬，重新摆放工具物品。

三、环境变化

近年来，长垣市以补齐农村基础设施和公共服务短板为着力点，实施城乡规划一体化，全域实施"畅通、净化、绿化、美化、文化"五大行动，做到了规划、改革、市场化保洁、垃圾集中收集处理、生活污水处理、水冲式厕所改造、四园（花园、果园、菜园、游园）建设、坑塘治理、天然气、视频监控、公共停车场、村民活动中心、养老公共服务中心等 12 项城乡公共服务全覆盖，使农村环境面貌更靓丽、农村基础设施更完备、农村公共服务更便利，涌现出了"花香云寨""诗礼王庄""古韵大浪口""水墨赵堤"等一批特色美丽乡村。长垣从过去的"脏乱差"转变成为今天的"绿净美"，环境变美了，群众的满意度和幸福感不断增强。

（一）将农村卫生保洁纳入城乡一体化环境卫生治理

长垣市通过政府购买服务引进 7 家大型环卫保洁公司，乡村保洁员数量占全市农村居民比例的 0.4％，实现市场化、专业化保洁的全域覆盖，率先在全

省实现"村收集、乡转运、市处理"的全域垃圾无害化处理全覆盖，实现农村垃圾"日产日清"。探索实施"三分类两处理"的农村垃圾分类工程，实行垃圾分类积分兑换的方式，激发群众参与积极性。

（二）将污水处理纳入全市污水处理一体化建设

采取"三并入两清理一调水"方式，将全市农村分为城郊村、镇区、其他村庄三种类型，分类并入不同污水处理系统，城郊村庄并入市政污水处理管网；镇区或靠近镇区村庄排污并入镇区处理站；距城镇较远但居住比较集中、人口较多的村庄排污并入污水处理点。把农村厕所革命和污水治理两大工程一同谋划、一体实施，全域推广水冲式厕所改造模式，管网建设与改厕一体设计、一体建设、一次成型，实现厕污同治。投资1.88亿元建设农村污水处理站点374个，投入7.68亿元铺设农村污水主管网2 094km，切实把管网"用起来"。长垣市为了更好地改善环境，分别进行了厕所改造、沼气改造和厨房改造，特别是厕所改革。2017年以来，长垣市开始推进农村户厕改造工作，在上级部门的帮助和市、乡、村三级的共同努力下，制定了"路线图"和"时间表"，开展了一场轰轰烈烈的厕所革命，形成了全域整体推进农村厕所改造的工作格局，让农村居民告别了"一个土坑两块砖，三尺土墙围四边"的露天旱厕，有效遏制了肠道蛔虫病等疾病的发生，真正发挥了厕所革命民生工程、民心工程的惠民作用。

（三）将村容村貌纳入全域旅游一体化建设

长垣市把乡村振兴绿化行动与实施国土绿化、开展生态建设相结合，瞄准"四季有花、四季常绿、四季有景的美丽乡村"定位，因形就势、因地制宜，开展全域绿化，重点实施沿黄河生态带建设工程、黄河湿地鸟类国家级自然保护区（长垣段）、天然文岩渠森林体验带、黄河湾森林公园、王家潭湿地森林公园、"水墨赵堤"田园综合体小镇、芦岗路林渠"三网"示范区建设工程、路河渠绿化提升工程、围村林建设工程，道路、村庄、镇区节点打造更"走心"，全域绿化美化更"给力"，生态环境更优越，景观环境更优美，人文环境更独特。

第二节　城乡融合发展的实现路径

基于前面章节理论的阐释探讨和长垣市城乡融合发展的案例经验，准确把握城乡融合发展的科学内涵，提出城乡深度融合发展必须立足"新型城镇化"和"乡村振兴"两大战略，深入推进城乡融合体制机制改革，全面推动资本、土地、人才、信息等生产要素在城市与乡村间自由、高效流动，促进教育、医疗、交通、通信等公共服务资源在城乡之间充分、合理配置，最大限度地激发和释放城乡，尤其是乡村地区发展的内生动力。

一、坚持城乡统筹发展

优化城乡关系、实现协调发展的指导思想，就是要制定城乡统筹发展规划，实施城乡关联发展战略。而统筹城乡发展就是打破城市与乡村之间的各种界限与壁垒，把城市与乡村放在同等地位上、同体系内规划发展的大局。

（一）落实城市与乡村全方位统筹发展

1. 经济发展层面。统筹规划城乡产业结构体系，注重城乡产业定位的差异化与联动化，推动形成城乡垂直分工的产业体系和城乡互补联动的产业格局；因地制宜地统筹农业与乡村工业发展，创新乡村经济发展模式，最大限度激发和释放乡村地区经济发展的活力与内生动力。

2. 社会生活层面。统筹规划城乡的城镇体系，在提升城市自身综合实力与发展层次的同时，也注重其辐射周边乡镇功能的加强，构建城乡紧密联系、协调发展的完整城镇体系；统筹规划城乡基础设施建设、社会保障体系和公共服务事业发展，让乡村居民能够享受与城市居民同等的公共服务水平和社会福利保障，真正实现改革发展的成果由全民共享。

3. 空间布局层面。统筹规划城乡空间结构体系，促进城乡产业、居住空间、农田耕地等功能的合理空间布局；统筹城乡土地利用，对于城乡建设用地按集约化建设的原则统一规划利用。

4. 生态环境层面。统筹城乡环境监测评价体系，完善生态补偿机制；统筹建设城乡生态保护工程等。

（二）乡村地区作为城乡统筹侧重区域

中国十分重视农村地区的规划与发展，着力完善农业基础设施，提升农业技术水平、推动农村人力资源的转移利用。因此，针对中国当前农村农业发展严重滞后于城市发展的现实状况，制定城乡统筹发展规划时，应当给予乡村地区发展更多的关注与重视，大力解决农村地区发展中遇到的各种困难与障碍，充分挖掘和激发乡村地区创新和发展的内生动力，为城乡融合发展奠定基础。

（三）县域政区作为城乡统筹基本单元

从中国上海城乡关系优化的实践经验可以看出，在统筹城乡发展中，政府扮演着至关重要的角色。政府可以通过政策引导、完善立法和制度创新"三管齐下"优化城乡关系。而统筹一种作为公共主体——政府的行为与职能，必须由各级政府来组织并以一定的行政区域为单位来实施。中国当前实行的是"省级—地市级—县市级—乡镇级"的行政区划体系，从各级行政区具体组织经济社会活动的职能与区域发展的行为影响看，县级城市主要由小城镇与广阔的乡村地区构成，是采取各项统筹城乡发展的政策措施推动乡村发展最直接，也是最基本的行政区域单元。中国作为一个拥有广阔乡村地区与众多乡村人口的国家，单纯依靠大中城市辐射带动乡村的快速发展恐怕难以实现，在县域行政区推行城乡关联与城乡统筹的发展策略，能够实现对乡村影响的最大化。

二、补齐农村农业短板

(一)创新农业发展模式，推进农业供给侧改革

1. 创新农业发展模式。打破传统农业思维限制，以市场为导向，创新涉农产业的新模式、新业态，拓展农业产业链、价值链。例如，推进农业、林业与旅游业的深度融合，大力发展乡村休闲旅游产业，打造乡村生态旅游、乡土文化体验、健康养生度假等乡村产业新业态。促进乡村农业生产与工业加工相结合，充分发挥农产品在产区的价格优势，配合相关补助政策，吸引和引导相关农产品加工企业向农产品原产地集中，一方面为当地农产品提供了更稳定、更丰富的销售渠道；另一方面也便于就地取材、自产自销发展乡村工业，提升农产品附加值，增强乡村与农业经济活力。探索乡村经济发展的新途径、新方式，例如鼓励和引导有能力、有条件的个人或企业等各类社会资本整合农村零散的土地资源，发展生产规模化、资源利用集约化、管理方式企业化、生产方式机械化的现代化大农业。鼓励和引导农民创新农户合作经营或乡村集体牵头、农户入股等多种合作形式，发展现代农业种植或养殖业、农家乐、农产品加工业、乡村工业等。重要的是拓宽了农民的收入渠道，增加农民收入；更重要的是整合了乡村集体资源，规避了一家一户独立进行农业生产的各种弊端，有利于乡村农业发展规模的扩大和整体质量的提升。

2. 注重农业品牌化建设。加强农业品牌化建设：首要的是提升农产品质量，深入挖掘当地的优势产业及优势产品来打造品牌，以农产品的品质作为品牌创造市场价值的基础，品牌作为提高农产品档次与市场竞争力的途径；其次，政府应有意识地扶持当地农产品品牌建设，整合品牌资源，深入挖掘当地的生态资源优势，积极申请无公害产品、绿色产品、有机食品及地理标志产品等国家认证标志，提升农产品市场竞争力及知名度；第三，要明确品牌主体，培育壮大龙头企业，对生产实力强、企业规模大、现代化程度高的龙头企业给予重点支持，发挥龙头企业辐射带动作用，推动农产品品牌发展；最后，品牌的建设离不开多元化的营销推广策略，农产品品牌营销要充分借助并综合运用

电视、广播、网络等传播媒介与工具，深入挖掘和宣传农产品背后的人文、生态内涵，为品牌注入更多的感性元素，增强对消费者的吸引力和品牌的美誉度。

3. 加快发展现代农业。 农业发展的现代化主要体现在农业生产技术、生产手段和管理方式的现代化，这些都离不开农业技术创新。可以说，加快农业技术革新不仅有利于提高农业生产率，缓解农业资源环境约束，从长远来看，更对农业现代化与城镇化、工业化的同步发展至关重要。2020 年中国农业科技进步贡献率达到 60%。可即便如此，这与荷兰、日本、美国等农业现代化程度较高的国家超过 80% 的农业科技贡献率相比，仍有不小差距。农业技术创新不足已成为制约中国农业由传统农业向现代化农业转型发展的关键"瓶颈"。

提高农业技术创新能力，要为农业高新技术的研发与应用提供有力的财政支持并创造良好的环境。中央各级政府应加大财政支农力度，设立农业技术研发专项资金支持和鼓励农业科研单位的研发与技术创新。实践也证明，先进的农业技术对于提高农业发展质量、增强农业竞争力有着举足轻重的作用。

（二）促进城乡垂直分工，加强城乡产业合作

1. 建立城乡产业合作机制。 当前大量农村剩余劳动力闲置或集中涌入城市，不仅使乡村经济建设失去人力支持，也加重城市管理与承载力负担。城乡产业合作对于解决乡村剩余劳动力问题能够发挥积极作用。可以通过城乡合作开发乡村旅游业、城乡服务业一体化等措施创造更多就业岗位的同时，提高乡村吸引力。以城乡合作开发乡村旅游业为例，实践证明单纯依靠农民自身的力量难以维系乡村旅游业的持续发展，需要通过城市与乡村产业间的有效合作，为乡村旅游业注入资金、优化基础设施建设、提供广泛的营销宣传支持与持续稳定的客源。对于城郊地区而言，由于毗邻中心城市，往往拥有较为充足的具有周末度假、采摘体验等需求的城市客源，发展乡村旅游所需的资金也较少，通常可以采用农户个体经营、农户合作经营等民营经济发展模式；而对于距离中心城市较远的农村地区，往往自然田园风光优美、保留了较为完好的乡村景观和生活方式，有些地区还保留了极具乡土特色的民俗文化传统，对于城市旅游者吸引力较大，但受制于交通不便、投资较大、乡村经济发展滞后及由此带来的基础设施陈旧落后等问题，发展乡镇旅游初期往往存在较大困难，因此可以考虑选择政府主导、旅游投资企业和村民合作共建的发展模式。这种城乡合作开发乡村旅游的方式：一方面促进乡村经济的多元化，为农民提供了新的工作机会和第二份收入；另一方面也为城市居民提供了体验乡村生活及风土人情的机会，加深城乡居民的交流和理解，消除偏见与隔阂。除此之外，在第一产业与第二产业，城乡之间都存在众多合作的契机与可能性，这对于城乡融合发展起着积极的推动作用。

2. 优化城乡产业空间布局。 从产业空间布局来看，一般而言，城市具有空间集聚性特征，而乡村则具有空间分散性特征，根据城乡空间特性与资源禀赋条件，一定区域内的中心城市的产业选择以现代贸易、金融保险、文化教育、中介咨询等现代服务业和与之关联度较高的高新技术产业为主，以增强城市的自主创新能力与活力。传统的劳动密集型或土地密集型的生产性功能产业，可以通过技术转移、兼并收购等多种方式逐步向次一级城市的工业集聚区或重点城镇转移。一方面企业能够通过地区转移为自身发展争取到更加广阔的市场与空间；另一方面也为中心城市发展以现代服务业为主的功能定位腾出空间，解决城市空间拥挤和产业同质竞争问题。而中心城市城郊地区则可以依托城市服务业，重点发展生态旅游、观光农业等休闲农业。仅次于中心城市的县市级城镇充当中心城市与广大农村地区资源要素流动的桥梁与纽带，瞄准生产性功能为主的产业定位，在积极承接中心城市第二产业转移扩散的基础上，加快产业升级与资源整合，引导农村地区分散布局的乡镇企业集中发展，改善小城镇乡镇企业布局分散的状况，通过形成产业集聚效应，增强正外部性，提高城市工业竞争力；同时，伴随着乡镇企业的集聚，县级城镇能够吸纳大量农村转移劳动力，推动农村居民"市民化"进程，另外与中心城市联系较为紧密的次级城镇还可以通过完善交通物流等基础设施，逐步分担中心城市的居住、教育、市场等功能，缓解中心城市承载压力。而广大农村与乡镇地区则可以重点布局现代化农业以及与之相关的二、三产业。农村地区基本功能定位是为城市提供粮、蔬、肉、蛋、奶等农副产品以及各种工业原料；一些发展基础较好的乡镇可以依托资源优势，谨慎评估环境承载力的基础上，适度发展特色工业；为了更好地服务于农业生产与农民生活，乡镇地区还应布局农机农具、农业保险、兽医等为农业生产提供配套的服务业，以及乡镇医院、物流服务站等生活服务设施。除此以外，农村乡镇还可以充分利用自然优美的田园风光，大力发展生态旅游、度假养生等现代休闲农业或体验农业。

（三）完善农村金融体制，促进城乡资金合理配置

1. 加大对乡村农业的财政支持力度。 中央及地方政府应更加重视扶持农村农业发展，进一步加大财政支农力度。财政部明确了财政农业工作发力点是适度增加财政支农投入，重点优化投入结构。为了确保财政支农政策能够真正落到实处、收到实效，应当明确各级地方政府财政支农的责任与范围，建立严格而明确的监督管理机制，以确保中央财政支农专项资金真正做到专款专用。

整合财政支农各项政策，因地制宜地制定各地财政支农政策体系，有针对、有重点地推行财政支农政策，打好政策组合拳。各级地方政府用于财政支农的资金增加比重应不低于经常性财政收入增加的比重，保持财政支农资金与地方财政收入同步增长。还需明确各级政府财政支农资金的投入方向与重点，财政支农资金应尽可能多地投入在与农民生产生活息息相关的各领域，比如农村安全饮水、农村用电、文化教育、医疗卫生等基础设施建设方面；应进一步加大对农业生产各环节的资金支持力度，尤其是加大对农田水利等农业生产基础设施建设和农业技术创新的资金支持力度，适当压缩农村行政事业所分配的支农资金。

2. 完善农村金融支持体系。要增强农村金融支持体系对乡村与农业发展的支持力度：首先要加强政策性金融、合作金融与商业性金融三者间的交流合作，以形成互为补充、相互支撑、紧密联系的有机整体；其次要扶持农村金融服务机构发展，增强其服务乡村与产业发展的综合实力，为乡村提供更加多样化的金融产品、更加丰富的融资渠道和更有力的资金支持；最后还应通过政府部门、乡村金融机构等单位向乡村居民普及金融信贷知识，增强广大农民的金融与信用意识，提高广大农民借助金融支持开展生产生活的意识与能力，为构建良好的乡村金融生态奠定基础。

（四）发挥小城镇纽带作用，扶持特色小（城）镇发展

小城镇是拥有几十平方千米以上土地和一定人口经济规模及产业的行政建制镇，是中国城镇体系中不可或缺的一环，也是连接城市与乡村的重要纽带。而特色小镇与小城镇的本质区别在于，特色小镇并非行政建制镇，而是创新创业的平台。虽然两者在空间范围和本质属性上有所区别，但这两者在联通城市与乡村、吸收乡村剩余劳动力、加快乡村城镇化进程、推动城乡融合发展方面都发挥着不可替代的重要作用。小城镇建设应从各地发展实际出发，遵循城镇化客观规律，尊重差异性、倡导多样性，要有选择、有重点地布局建设一批特色小（城）镇，逐渐形成"以点带面，主次错落"的小城镇体系。

特色小（城）镇建设关键是要因地制宜、做强特色产业。推进特色小（城）镇建设，要以特色产业为核心，立足于当地区位条件、资源禀赋、地域特征与产业基础，充分发掘和发挥当地自然、经济、区位、地理、人文、技艺、资源等优势，找准特色、凸显特色、放大特色，选择产业积淀深厚、产业生命力强、延续发展前途好的特色产业做精做强，真正形成特色小（城）镇的独一无二的核心竞争力。另外，特色小（城）镇建设过程中，还应充分保留和发扬当地特色文化，防止千镇一面。此外，特色小（城）镇建设还要注重保护生态田园风貌。特色小（城）镇建设目的是打造一批生产生活生态空间合理布局、环境优美、宜居宜业的小城镇，从根本上增强小城镇对人才与人口的吸引力，提高居民生活质量。生态田园风貌是特色小（城）镇不可或缺的重要属性。保护小城镇特有的田园景观和生态风貌不仅能维持优美的生态居住环境，也是小城镇"美丽经济"建设的重要资源。因此，特色小（城）镇建设中，一方面要严守生态保护红线，严禁破坏自然山水与田园风光；另一方面也要提高企业进驻或工程项目的环评标准，杜绝一切高污染企业，加强小城镇环境治理；此外，还要促进土地的集约化利用，避免大拆大建和资源浪费，合理控制小城镇规模。

三、城乡管理体制改革

（一）加快户籍制度改革，推进新型城镇化进程

近年来，中国户籍制度改革的尝试与探索从未止步，截至 2016 年，31 个省份已经出台了户籍制度改革意见，普遍取消了农业户口与非农户口的性质之分，这意味着自 1958 年延续至今的城乡二元户籍制度退出历史舞台；部分地区落户政策也有所放宽。取消城乡户口性质之分，实现了城乡居民身份标识的统一。2022 年 7 月，在国家发展和改革委员会发布《"十四五"新型城镇化实施方案》中，明确规定户籍制度改革要持续推进放开，并首次提出"鼓励取消积分落户年度名额限制"。户籍制度改革一直与推进新型城镇化进程密切相关。通过户籍制度改革，到城镇落户成为"新市民"的，已有 1.3 亿人农业转移人口及其他常住人口。随着改革深入，"新市民"数量将继续增加，那如何实现"市民化"将成为户籍制度改革的重点。继续完善与落户政策相配套的各项社会保障政策，让进城"新市民"能够与本地市民一样享受必要的社会保障与公共服务。例如，继续推广"租购同权"，让无力负担城市高额房价的外地务工人员能够通过租赁住房获得稳定住所，同时在子女上学、医疗保障等方面与城市居民享受无差别的权利。

（二）改革人口管理制度，促进劳动力合理转移

从"城市吸纳"角度看，通过人口管理制度改革促进城市加快吸纳乡村剩余劳动力最有力的举措是以居住证制度取代暂住证制度，让转移到城市的劳动力能够有尊严地工作和生活。居住证与暂住证的最重要区别在于暂住证只用于对城市流动人口进行管理，持有暂住证的农民工或外来务工人员并不能享受城市的各项公共服务与社会保障政策，而居住证类似于发达国家的"绿卡"，与城市的落户政策相挂钩，持有暂住证的农民工或外来务工人员可以据此享受城市基本的教育、医疗等社会保障。以居住证全面代替暂住证能够在一

定程度上解决农民工和进城务工人员的后顾之忧，从而增强城市吸纳劳动力的能力。

此外，还要加快完善和健全人口信息管理制度，将最先进的互联网大数据技术与信息系统应用到人口信息管理中，加快建立覆盖全国、涵盖全方位个人基本信息、能够实现跨区域信息交流与共享等多方面功能的电子人口信息系统，为城市统一对外来人口进行管理与服务提供信息支持。考虑到中国主要劳动力流入地大城市的人口承载力，以及小城镇与农村的"空巢"现象，提高农村劳动力质量和农村对劳动力的吸引力，引导在外务工人员回乡就业对于城乡劳动力合理转移有着更为突出的现实意义。

因此，从"乡村吸引"的角度看，通过人口管理制度改革加强乡村对劳动力资源的吸引力最重要的是加强乡村劳动力资源的开发与培训。乡村地区劳动力流失内在原因是当代乡村年轻人缺乏专业的、系统的农业生产知识与技能，难以在乡村寻求到能够学以致用的机会与稳定的收入来源。加强乡村劳动力资源的开发与利用，就是要通过在乡村开办农业技术学校、定期推广先进的农业生产知识与技术，培养一批有知识有技术的现代农民。此外，还应积极通过与高校合作交流、高薪聘请等多种方式引进一批专业人才到乡村地区工作，为乡村地区的发展提供智力。通过多种途径充分开发农村人力资源，提高农村吸纳劳动力的能力与对劳动力的吸引力，让更多的农村居民能够安居故土、乐业致富。

（三）加强基础设施建设，推动公共服务共享

为改善当前小城镇及广大农村地区普遍存在基础设施配套不完善、标准低等问题，为提高小城镇和农村地区的经济建设硬件质量、居住舒适度与便捷度，进而提升其对于人才、资本、技术等的吸引力，促进小城镇与农村地区的进一步发展。应加大对乡村地区基础设施建设的财政投入力度，加快建设与乡村居民生产生活息息相关的各种基础设施，并积极推动城乡水、电、网络等重点基础设施的对接。加强城乡基础设施建设还应重点建设农村地区的基础设施，尤其是农业生产相关基础设施的建设，杜绝以牺牲农村生态环境和资源浪费为代价的粗放型增长。城乡用地规模的扩大也要与基础设施相配套，完善城市住宅、道路、给排水、供电供暖、燃气、园林绿化、防灾避难等基础设施体系，加快农村地区集中住宅、环境治理、网络通信、水利灌溉、道路桥梁等生产生活基础设施建设，努力构建便捷、舒适、洁净的城乡人居环境。另外，还应针对性地解决一些乡村地区基础设施的短板。例如，对于干旱缺水地区，加快其供水蓄水用水基础设施建设，确保其居民生产生活用水的充足与安全；对于交通不便的地区，加快其道路桥梁等基础设施建设等。

公共服务方面：城乡居民目前在享有的医疗服务水平与保障体系、教育资源与质量、养老保障与失业保障等诸多公共服务领域均存在较大差距。当前加快推进乡村公共服务体系和社会保障体系建设，并积极推进城乡公共服务与社会保障体系对接，为城乡公共服务与社会保障的均等化打下坚实基础。

医疗方面：加快推进农村合作医疗全覆盖，逐步推进农村合作医疗与城镇居民医疗保障体系的对接与均等化；加快乡镇医院、卫生所等基层医疗机构体系建设，完善现有医疗卫生设施，改善农村医疗环境，提高农村医疗水平；构建农村完善的预防保健和卫生监督体系。

教育方面：在农村地区普及学前教育，提高九年义务教育的教育质量与标准，全面普及高中阶段教育，重视特殊儿童教育；加强农村师资队伍建设，提高师资力量和水平，引导城市优质师资力量通过支教、援助等方式向农村渗透；完善农村文化站、乡镇图书馆等科教文化设施建设。

社会保障方面：加快农村养老与失业保障体系建设并与城市对接，积极推进将乡村剩余劳动力与失地农民纳入失业人口统计并进行相应的财政救助或补偿；完善农村养老院、老年活动站建设；建立健全农村法律援助体系，让有困难的农村居民更加便捷地接受法律的帮助。通过以上社会公共服务职能的完善，提高城乡居民尤其是农村居民享有的社会福利水平，缩小城乡差距，真正实现全民共享改革与发展的成果。

四、统筹城乡生态治理

(一) 土地资源合理利用，构建和谐城乡空间体系

对于区域内的城乡融合发展来说，要同时解决人民生活、经济建设和生态环境三大问题，土地资源的合理利用是最基础也是最关键的。过去，由于缺乏统筹城乡土地资源的意识与规划，城市化的过程中不可避免地出现了城乡土地资源利用不尽合理、城市扩张挤占农村用地、城市与乡村界限不明以及"城中村"等问题。针对这些问题，应规范城乡土地资源分配，促进城乡土地资源的集约合理利用，努力构建较为和谐的城乡空间结构体系。生态宜居型城市的建设中一个非常鲜明的特点就是土地资源的集约化利用。城市土地的集约化利用，就是要注重土地资源的综合利用和混合利用，以提高土地利用效率。通过加快旧城改造、城中村改造等方式充分整合和盘活利用现有的城市存量空间，加快旧城改造优化城市主要功能区布局。例如，围绕城市主要交通轴线进行功能区布局建设，生活居住与工作、教育等功能单元尽量拉近距离，混合建设；主城区采用高密度组团建设，尽量避免或减少低密度建筑，避免过分追求建设

大广场、大马路这种占用大量土地但并不宜居的城市"面子工程";整合城市边角地、零碎地、城中村等低效用地,加强对这些小面积土地的环境管理和用地规划,提高土地利用效率;清理城乡结合部违章建筑等非法用地,加强对城市土地存量的管理和监督;城市绿地空间建设不仅考虑人均绿地面积这一数量指标,更应注重功能连通性、空间易达性等生态功能属性。

在合理利用土地资源基础上,构建和谐的城乡空间结构体系。当前中国城乡空间布局不尽合理的现状,要求优化城乡空间布局体系:首先,要将城市与乡村纳入一个统一的空间布局规划中进行统筹,虽然城市与乡村有其各自不同的空间特性,但在城乡各方面联系日益紧密的今天,城乡间的地理边界往往并不分明,而要改变城市与乡村在空间分布上无序发展的混乱现状就必须全面统筹和安排城乡空间布局。其次,城乡空间结构体系的优化要充分考虑城市与乡村在职能定位、产业分工等方面的差异性而有所侧重与区别,城市地区侧重于有限城市空间的集约化利用,产业选择上以知识密集型的高新技术产业和现代服务业为主;乡村地区应侧重于促进分散村镇的集聚发展,在产业选择上以接收附近城市产业转移为主,同时高度重视农业用地与生态功能区的保护。

(二) 提高农村生态保护意识,建设城乡统筹生态工程

统筹城乡发展的过程中,不仅要重视生态环境保护,还要将城市与乡村视作一个整体,建立一个覆盖城乡的综合生态保护体系。

因地制宜建设城乡统筹的生态保护体系,城乡统筹的生态治理体系应妥善处理人工系统与自然系统的合作关系,在充分保护和利用自然生态系统循环规律与净化能力的基础上,适当建设人工系统对其生态治理进行补充和修正,既满足城乡居民生活和发展的需要,又不破坏原有的自然生态系统与自然景观,从而实现经济、社会与生态三种效益的有机统一。

一方面,进一步完善和落实资源有偿使用制度和生态补偿制度。自然资源是大自然对人类的珍贵馈赠,也是人类赖以生存和发展的基础,然而大部分自然资源都具有有限性、稀缺性和不可再生性,这就决定了自然资源不应任由人类予取予求,而应有偿使用。中国曾明确提出要实行资源有偿使用制度和生态补偿制度。而要将这两项制度真正落到实处,一是要制定由政府调控与市场机制共同参与的、科学合理的自然资源定价机制,政府调控的作用是发挥政府全面统筹各种自然资源与生态环境的公共职能,让自然资源的稀缺程度与消耗自然资源对生态环境的损害程度都能够有效地反映在自然资源的价格中,市场调节的作用是将自然资源作为一种特殊的商品纳入市场供求体系中,将市场供求状况合理地反映在自然资源的价格中。二是要促进资源税逐步落实到大量消耗

自然资源和占用生态涵养空间的各个环节中，按照"谁消耗谁付费、谁受益谁补偿"的原则征收合理比例的资源税。三是以法律法规的形式进一步完善和细化生态补偿制度，调整合理的生态补偿标准，并向重点生态功能区倾斜，确保将生态补偿制度落到实处，切实保护生态环境。

另一方面，加强农村生态环境治理，提高农村居民生态保护意识。目前生态城市、宜居城市已经成为了大部分城市建设的方向与目标，城市治理者也越来越重视城市生态环境的治理与改善。通过旧城改造、城中村改造、城市绿地空间建设等方式，城市的生态环境已经有了较大的改善。但农村地区却由于长期粗放的生产生活方式和落后的基础设施，乡村环境尤其是人居环境较为恶劣，污水随意排放、垃圾随意丢弃现象随处可见，部分城市工业转移更是加重了农村地区的生态环境负担。因此，管理者应加大对农村环境治理的投资，加快建设乡村垃圾处理站、污水治理厂等环境治理基础设施，让广大农村居民的生产生活垃圾能够得到清洁有效的处理或循环再利用。同时，还应加强对农村居民的生态环境保护意识及相关基本知识的宣传与教育，切实提高农村居民的生态保护意识，并落实到具体的生产生活中。

（三）完善生态评价考核机制，加强城乡生态环境监测

各地区应当在国家统一制定的城乡生态文明考核评价体系的框架内，根据各地城乡生态环境现实情况，制定和完善符合当地实际的城乡生态文明考核评价机制，努力构建一个静态与动态相结合的城乡生态综合评价考核体系。

该考核机制：一方面要通过科学合理的体系设计，将城乡发展过程中的对生态环境的各种影响和损害都纳入体系并进行精确评估，又要对一定区域在一定时期内的城乡生态环境具体变化情况进行持续监督与评价。既要根据各地城乡生态环境发展变化的实际情况不断调整该评价体系，又要完善相关的环境监督管理制度、相关责任人制度、奖惩制度、各项生态环境具体标准与要求、生态环境承载力监测预警机制等与之配合，以最大限度地发挥其准确评价和监测城乡生态环境动态变化情况、切实保护生态环境的作用。

在生态环境评价考核机制中应明确划定生态保护红线，尤其是在城镇化快速推进的地区，应严格监测其土地开发利用情况，以确保必要的生态涵养功能区不被影响和破坏。制度层面应进一步完善和细化现有的环境监管制度，尽可能地将工业生产和居民生活中可能产生的所有污染物都纳入环境监测与管理体系；细化现行环境监管制度中环境监察部门、工业生产部门与公众的权利、义务与责任分工，并通过一定的奖惩措施保障其实施；为切实提高环境监察部门的监察力度、保证环境监察工作的质量，当前的环境监管制度应赋予环境监察部门更大的监察与行政处罚权限；为了最大限度地预防和减少对环境的污染和

对生态的破坏，现行环境监督制度中还应补充和完善各项预防环境污染的相关制度，加强污染发生前的控制与预防。

从环境监管实践看，环境监察部门作为环境保护部门的下属单位，在进行环境监察工作与行政执法时应具备一定的独立性，严格按照国家和地方的环境质量要求标准和相关环境保护法规开展各项环境监察工作，杜绝地方生产部门或经济建设部门的干预；对于客观上造成了环境污染或生态破坏的，一方面要实行严格的赔偿与补偿制度，尽可能弥补对环境的损害，帮助其恢复；另一方面对于后果严重的，应积极通过跨部门合作依法追究相关责任人的刑事责任。

参 考 文 献

岸根卓郎，1985. 迈向 21 世纪的国土规划：城乡融合系统设计 [M]. 高文琛译. 北京：科学出版社.

白雪秋，聂志红，黄俊立，2018. 乡村振兴与中国特色城乡融合发展 [M]. 北京：国家行政学院出版社.

白永秀，岳利萍，2005. 陕西城乡一体化水平判别与区域经济协调发展模式研究 [J]. 嘉兴学院学报（01）：77-81，87.

蔡昉，2008. 刘易斯转折点后的农业发展政策选择 [J]. 中国农村经济（08）：4-15，33.

曹荣林，1995. 关于我国人口城镇化指标的几个问题 [J]. 人口与经济（03）：53-56.

曾万明，2011. 我国统筹城乡经济发展的理论与实践 [D]. 成都：西南财经大学.

陈丹，张越，2019. 乡村振兴战略下城乡融合的逻辑、关键与路径 [J]. 宏观经济管理（01）：57-64.

陈广汉，2000. 刘易斯的经济思想研究 [M]. 广州：中山大学出版社.

陈剑，2007. 城乡融合的理论研究与实践 [D]. 保定：河北农业大学.

陈锡文，2003. 城乡统筹解决三农问题 [J]. 改革与理论（03）：10-11.

程晓军，2017. 精神文明城乡一体化建设研究——以苏州市为例 [D]. 苏州：苏州大学.

池丽萍，辛自强，2002. 幸福感：认知与情感成分的不同影响因素 [J]. 心理发展与教育（02）：27-32.

党国英，2015. 亟需清晰界定"城乡"概念 [J]. 农村工作通讯（24）：50-51.

第五届国际生态城市会议，2002. 生态城市建设的深圳宣言 [J]. 城市发展研究（5）：78.

丁志伟，张改素，王发曾，等，2016. 河南省城乡统筹发展的状态评价与整合推进 [J]. 地域研究与开发，35（02）：41-46.

杜能，1986. 孤立国同农业和国民经济的关系 [M]. 吴衡康译. 北京：商务印书馆.

付晓东，蒋雅伟，2017. 基于根植性视角的我国特色小镇发展模式探讨 [J]. 中国软科学（08）：102-111.

高彬，2010. 基于溢出效应分析的新型城镇化路径选择研究 [D]. 济南：山东师范大学.

高春华，2010. 河南省农村基础设施建设的现状及对策研究 [J]. 中国科技信息（18）：82-83.

高帆，2012. 中国城乡经济关系的演变逻辑：从双重管制到双重放权 [J]. 学术月刊，44（06）：71-79.

高红英，苗元江，2006. 国外幸福感研究的发展轨迹 [J]. 井冈山学院学报（自然科学版），27（02）：76-77，81.

高军波，范娇月，陈建华，等，2017. 典型农区县域城乡一体化特征及其形成机理研究——以河南省为例 [J]. 信阳师范学院学报（自然科学版），30（02）：228 - 233.

龚勤林，邹冬寒，2020. 乡村振兴背景下工农城乡耦合协调水平测度及提升研究 [J]. 软科学，34（06）：39 - 45.

顾益康，邵峰，2003. 全面推进城乡一体化改革——新时期解决"三农"问题的根本出路 [J]. 中国农村经济（01）：20 - 26，44.

郭海红，刘新民，刘录敬，2020. 中国城乡融合发展的区域差距及动态演化 [J]. 经济问题探索（10）：1 - 14.

郭勇，2005. 发展中国家城乡关系演化：文献与述评 [J]. 经济问题（07）：48 - 50.

郭振宗，2009. 实现城乡统筹发展的有效途径 [J]. 现代商业（03）：109 - 110.

郭志戎，2013. 影河南省城镇居民幸福感的相关因素调查 [J]. 华北水利水电学院学报：社科版，29（04）：58 - 60.

韩俊，2018. 破除城乡二元结构走城乡融合发展道路 [J]. 理论视野（11）：5 - 8.

何强，井文涌，王翊亭，1994. 环境学导论 [M]. 北京：清华大学出版社.

何仁伟，2018. 城乡融合与乡村振兴：理论探讨、机理阐释与实现路径 [J]. 地理研究，37（11）：2127 - 2140.

胡际权，2005. 中国新型城镇化发展研究 [D]. 重庆：西南农业大学.

胡君，2007. 中国城乡统筹问题探讨 [J]. 经济师（02）：12 - 13.

黄小明，2014. 收入差距、农村人力资本深化与城乡融合 [J]. 经济学家（01）：84 - 91.

黄渊基，蔡保忠，郑毅，2019. 新时代城乡融合发展：现状、问题与对策 [J]. 城市发展研究，26（06）：22 - 27.

姜作培，2004. 城乡统筹发展的科学内涵与实践要求 [J]. 经济问题（06）：44 - 46.

蒋永穆，周宇晗，2018. 改革开放 40 年城乡一体化发展：历史变迁与逻辑主线 [J]. 贵州财经大学学报（05）：1 - 10.

锦聚，洪银兴，林岗，等，2009. 政治经济学 [M]. 第四版. 北京：高等教育出版社.

居占杰，2011. 我国城乡关系阶段性特征及统筹城乡发展路径选择 [J]. 江西财经大学学报（01）：56 - 62.

康帕内拉，1997. 太阳城 [M]. 黎廷弼等译. 北京：商务印书馆.

李爱民，2019. 我国城乡融合发展的进程、问题与路径 [J]. 宏观经济管理（02）：35 - 42.

李佳锜，2020. 新时代县域治理与城乡统筹实施路径研究 [J]. 北方经贸（10）：6 - 7.

李梦怡，2020. 河南省新型城镇化和乡村振兴战略融合现状及问题研究 [J]. 信阳农林学院学报，30（03）：22 - 27.

李咪，王成新，2020. 中国"三农"问题焦点的转型：从粗放式发展到可持续发展 [J]. 安徽农学通报，26（13）：1 - 5.

李骁军，1996. 浅议幸福感 [J]. 长白论丛（01）：53 - 55.

李同彬，王雪平，2014. 河南省农村社会保障的现状和对策 [J]. 安阳师范学院学报（06）：63 - 67.

李婷, 2018. 哪一代人更幸福?——年龄、时期和队列分析视角下中国居民主观幸福感的变迁 [J]. 人口与经济 (01): 90-102.

李小文, 黄彩霞, 2014. 社会比较理论视域下的农村居民生活幸福感影响因素研究 [J]. 贵州财经大学学报 (03): 94-101.

李永贺, 赵威, 葛浩然, 等, 2017. 河省城市基础设施与经济发展协调度 [J]. 河南科学, 35 (04): 628-633.

李焰, 赵君, 2005. 大学生幸福感及其影响因素的研究 [J]. 清华大学教育研究 (S1): 168-174.

李宜江, 朱家存, 2013. 均衡发展义务教育的理论内涵及实践意蕴 [J]. 教育研究, 34 (06): 59-64.

李智, 张小林, 陈媛, 等, 2017. 基于城乡相互作用的中国乡村复兴研究 [J]. 经济地理, 37 (06): 144-150.

李佐军, 2008. 统筹城乡发展的五大对策 [J]. 理论导报 (02): 9-10.

林玉妹, 2007. 我国工业反哺农业的实现机制 [J]. 生产力研究 (19): 16-18.161.

廖晓珊, 2015. 强化教育督导 确保如期实现义务教育均衡发展年度目标——在全省义务教育均衡发展督导评估培训会上的讲话 [J]. 云南教育 (视界时政版) (08): 12-14.

刘宝生, 2008. 推进省域义务教育均衡发展的思考与建议 [J]. 教育科学 (01): 6-10.

刘春芳, 张志英, 等, 2018. 从城乡一体化到城乡融合: 新型城乡关系的思考 [J]. 地理科学, 38 (10): 1624-1633.

刘怀廉, 2004. 农村剩余劳动力转移新论 [M]. 北京: 中国经济出版社.

刘家宝, 2019. 中国城乡融合发展理论研究 [D]. 长春: 长春理工大学.

刘瑞明, 浅谈中国"三农"问题现状及对策 [J]. 三农论坛 (08). 34.

刘新成, 苏尚锋, 2010. 义务教育均衡发展的三重意蕴及其超越性 [J]. 教育研究, 31 (05): 28-33.

柳思维, 晏国祥, 唐红涛, 国外统筹城乡发展理论研究述评 [J]. 财经理论与实践 (06): 111-114.

卢喆, 2018. 基于经济法视角的我国"三农"问题现状及对策研究 [J]. 农村经济与科技, 29 (21): 235-237.

马广兴, 2020. 河南新型城镇化与乡村振兴耦合性分析 [J]. 中国农业资源与区划, 41 (03): 103-112.

牛文元, 2012. 中国特色城市化报告 [M]. 北京: 科学出版社.

欧文, 1979. 欧文选集 (第1卷) [M]. 北京: 商务印书馆.

彭代彦, 闵秋红, 2015. 住房消费与国民幸福——基于 CGSS2013 的实证分析 [J]. 广西社会科学 (12): 85-90.

普荣, 2018. 坚持以人民为中心发展理念下的中国城乡统筹发展路径机制 [J]. 改革与战略, 34 (02): 40-46.

亓寿伟, 周少甫, 2010. 收入、健康与医疗保险对老年人幸福感的影响 [J]. 公共管理学报，7（01）：100 - 107，127 - 128.

阮云婷，徐彬，2017. 城乡区域协调发展度的测度与评价［J］. 统计与决策（19）：136 - 138.

圣西门，1979. 圣西门选集（1 - 3 卷）［M］. 北京：商务印书馆.

盛开，2018. 以城乡融合发展推动乡村振兴战略［J］. 调研世界（06）：62 - 65.

宋小琪，2018. 城乡协调发展视野下的城乡关系优化策略研究［D］. 东南大学.

宋迎昌，2019. 城乡融合发展的路径选择与政策思路——基于文献研究的视角［J］. 杭州师范大学学报（社会科学版），41（01）：131 - 136.

苏红键，2021. 教育城镇化演进与城乡义务教育公平之路［J］. 教育研究，42（10）：35 - 44.

孙健夫，李晓鹏，温彩璇，2019. 中国的城乡经济关系：逻辑、演进、问题与对策［J］. 云南社会科学（01）：89 - 94.

谭明方，郑雨晨，等，2021. "城乡融合发展"视角的县域社会治理研究［J］. 南开学报（哲学社会科学版）（02）：62 - 72.

涂圣伟，2020. 城乡融合发展的战略导向与实现路径［J］. 宏观经济研究（04）：103 - 116.

陶喆，向国成，等，2020. 新型城乡关系构建与乡村振兴的关系研究——以湖南省为例［J］. 中国农业资源与区划，41（06）：83 - 90.

田美荣，高吉喜，等，2009. 城乡统筹发展内涵及评价指标体系建立研究［J］. 中国发展，9（04）：62 - 66.

托达罗，1992. 经济发展与第三世界［M］. 北京：中国经济出版社.

万黎，夏凌翔，2004. 试论幸福感与健全人格的关系［J］. 西南师范大学学报：人文社会科学版（06）：19 - 21.

汪彬，2019. 新时代促进中国区域城乡协调发展的战略思考［J］. 理论视野（05）：60 - 67.

王昌锋，2019. 建立新型城乡关系是实现乡村振兴的重要路径［J］. 低碳世界，9（09）：348 - 349.

王涵丰，耿峰，郭平，2014. 河南省城乡统筹发展研究［J］. 中小企业管理与科技（下旬刊）（05）：136 - 137.

王华，陈烈，2006. 西方城乡发展理论研究进展［J］. 经济地理（03）：463 - 468.

王景新，李长江，等，2005. 明日中国：走向城乡一体化［M］. 北京：中国经济出社.

王凯，卫舒晨，岳国喆，等，2019. 公共服务城乡融合发展现实困境、发展原则及推进理路［J］. 改革与战略，35（03）：57 - 67.

王美霞，陈保国，王创云，等，2018. 新时代山西三农现状及发展思路［J］. 山西农经（15）：49 - 50.

王长生，2012. 重庆市城乡统筹发展模式研究［D］. 东北师范大学.

王振亮，2000. 城乡空间融合论［M］. 上海：复旦大学出版社.

吴殿廷，赵林，高文姬，2013. 新型城镇化的本质特征及其评价［J］. 北华大学学报（社会科学版），14（06）：33 - 37.

吴辉．桂立辉．张合喜，2013. 城乡一体化背景下的河南省基层医疗机构卫生人力现况调查研究 [J]. 中国全科医学，16（42）：4310 - 4313.

吴良镛，1996. 芒福德的学术思想及其对人居环境学建设的启示 [J]. 城市规划（01）：35 - 41，48.

吴良镛，2001. 关于山水城市 [J]. 城市发展研究（2）：17 - 18.

谢志强，姜典航，2011. 城乡关系演变：历史轨迹及其基本特点 [J]. 中共中央党校学报，15（04）：68 - 73.

熊君，2008. 统筹城乡发展的理论渊源 [J]. 中国集体经济（18）：32 - 33.

徐大同，2002. 西方政治思想史 [M]. 天津：天津教育出版社.

徐丽杰，2016. 中国经济新常态下推动城乡一体化发展的新策略 [J]. 税务与经济（01）：16 - 21.

许彩玲，李建建，2019. 城乡融合发展的科学内涵与实现路径——基于马克思主义城乡关系理论的思考 [J]. 经济学家（01）：96 - 103.

薛军，闻勇，2017. 城乡义务教育均衡发展内涵、现状及实现路径 [J]. 学术探索（01）：149 - 156.

薛晴，霍有光，2010. 城乡一体化的理论渊源及其嬗变轨迹考察 [J]. 经济地理，30（11）：1779 - 1784，1809.

亚当·斯密，1999. 国富论 [M]. 杨敬年译. 西安：陕西人民出版社.

闫吉武，2019. 新型城镇化背景下的农村空心化问题研究 [D]. 甘肃：兰州大学.

严红，2008. 试析二元结构论在我国统筹城乡中的应用 [J]. 改革与战略（02）：8 - 11.

颜华，2005. 中国统筹城乡发展问题研究 [D]. 长春：东北农业大学.

杨冬艳，李秋庆，2019. 新时代河南省城乡最低生活保障制度统筹发展问题与对策研究——基于价值理性的视角 [J]. 湖南人文科技学院学报，36（01）：60 - 68.

杨文杰，巩前文，2021. 城乡融合视域下农村绿色发展的科学内涵与基本路径 [J]. 农业现代化研究，42（01）.

杨秀丽，谢文娜，2018. 社会保障、公共服务与居民幸福感——基于 CGSS 数据的分析 [J]. 世界农业（10）：94 - 101，123.

杨艺，2010. 城乡统筹视域下的中国二元经济结构转换研究 [D]. 吉林大学.

阳义南，章上峰，2016. 收入不公平感、社会保险与中国国民幸福 [J]. 金融研究（08）：34 - 50.

杨志恒，2019. 城乡融合发展的理论溯源、内涵与机制分析 [J]. 地理与地理信息科学，35（04）：111 - 116.

姚毓春，梁梦宇，2021. 我国城乡融合发展问题及政策选择 [J]. 经济纵横（01）：46 - 53.

矣比尼泽·霍华德著，2000. 明日的田园城市 [M]. 金经元译. 北京：商务印书馆.

殷际文，2010. 中国城乡经济发展一体化研究 [D]. 长春：东北农业大学.

岳文海，2013. 中国新型城镇化发展研究 [D]. 武汉：武汉大学.

翟建宏，2008. 河南省统筹城乡协调发展的思考与建议——新乡市新农村建设情况调查

[J]. 河南财政税务高等专科学校学报, 22 (06): 51-53.

张海鹏, 郜亮亮, 闫坤, 2018. 乡村振兴战略思想的理论渊源、主要创新和实现路径 [J]. 中国农村经济 (11): 2-16.

张丽艳, 李雪艳, 高翠珍, 2005. 论统筹城乡发展的制度障碍及对策 [J]. 辽宁工程技术大学学报 (社会科学版) (03): 252-254.

张敏, 2019. 河南省农村生态环境污染现状及治理对策 [J]. 农村经济与科技. 30 (05): 27-29.

张培刚, 2001. 发展经济学 [M]. 北京: 经济科学出版社.

张沛, 张中华, 孙海军, 2014. 城乡一体化研究的国际进展及典型国家发展经验 [J]. 国际城市规划. 29 (01): 42-49.

张守凤, 李淑萍, 2017. 统筹城乡发展的内涵及路径研究 [J]. 山东社会科学 (03): 109-114.

张维达, 2004. 政治经济学 [M]. 第2版. 北京: 高等教育出版社.

张晓东, 何攀, 2018. 要素流动对城乡融合发展的影响机理——分地区比较研究 [J]. 产业经济评论 (山东大学) (4): 133-166.

张晓山, 2018. 改革开放四十年与农业农村经济发展——从"大包干"到城乡融合发展 [J]. 学习与探索 (12): 1-7, 205.

张志, 龚健, 2014. 国内外城乡协调发展理论与模式研究综述 [J]. 资源开发与市场, 30 (02): 198-201.

赵英丽, 2006. 城乡统筹规划的理论基础与内容分析 [J]. 城市规划学刊 (01): 32-38.

赵旱, 2020. 乡村振兴视域下城乡融合发展的逻辑与路径探析 [J]. 学习论坛 (08): 34-40.

郑风田, 2016. 推进农业供给侧改革建设美丽乡村——今年中央一号文件的四大亮点 [J]. 价格理论与实践 (01): 26-29.

中共中央马克思恩格斯列宁斯大林著作编译局, 1995. 马克思恩格斯选集 (第三卷) [M]. 北京: 人民出版社.

周加来, 周慧, 周泽林, 2019. 新中国 70 年城镇化发展: 回顾·反思·展望 [J]. 财贸研究, 30 (12): 1-13.

周叔莲, 金碚, 1993. 国外城乡经济关系理论比较研究 [M]. 北京: 经济管理出社.

周一星, 1989. 中国城镇的概念和城镇人口的统计口径 [J]. 人口与经济 (01): 9-13.

邹心平, 2019. 论城乡统筹、城乡一体化、城乡融合概念的歧见及使用 [J]. 老区建设 (12): 16-21.

朱永新, 2013. 县区义务教育均衡发展是促进教育公平的当务之急 [J]. 民主 (03): 4-5.

Douglass Mike, 1998. A Regional Network Strategy for Reciprocal Rural - Urban Linkages: An Agenda for Policy Research with Reference to Indonesia [J]. Third World Planning Review, 20 (1): 1-33.

DOUGLASS MIKE. Curitiba. Brazil, 1998. Rural - urban linkages and poverty alleviation:

toward a policy framework [M]. International Workshop on Rural——Urban Linkages.

Fields. Gary S, 2005. A Welfare Economic Analysis of Labor Market Policies in the Harris - Todaro Model [J]. Journal of DevelopmentEconomics, 76 (1): 127 - 146.

Graeml. Karin Sylvia and Alexandre Reis Graeml, 2004. Urbanization solutions of a third world country's metropolis to its social environment challenges [J]. Journal of urban Economics, 8: 36 - 51.

Hidenobu J, 2004. Edo. the Original eco - city [J]. Japan Echo (2): 56 - 60.

Lipton Michael. Maurice T. Smith, 1977. Why poor people stay poor: urban bias in world development [M]. London.

Puga. Diego, 1998. Urbanization Patterns: European versus Developing Countries [J]. Journal of Regional Science, 38 (2). 231 - 52.

Register R, 1987. Eco - city Berkeley: building cities for a healthier future [J]. North Atlantic Books (1): 13 - 43.

Rondinelli. Dennis A, 1983. Secondary cities in developing countries: policies for diffusing urbanization [M]. Sage Publications. Beverly Hills.

Temple. Jonathan, 2005. Growth and Wage Inequality in a Dual Economy [J]. Bulletin of Economic Research, 57 (2): 145 - 169.

Thomas More, 1516. Utopia [M]. Yale University Press.

Tveitdal. Svein, 2004. Urban - Rural Interrelationship: Condition for Sustainable Development [J]. United Nations Environment Pro - gramme, 19 (2): 145 - 167.